Nick Nossem

**Vollwert-Eis selbst gemacht –
ohne tierisches Eiweiß**

Nick Nossem

Vollwert-Eis selbst gemacht –
ohne tierisches Eiweiß

Nick Nossem

Vollwert-Eis selbst gemacht –
ohne tierisches Eiweiß

Über die Eis-Zeit

Die Geschichte der Speiseeis-Herstellung handelt unter anderem davon, wie ein natürliches Nahrungsmittel zur denaturierten Zivilisationskost werden konnte. Sie beginnt bei den Chinesen, die schon vor mehr als 3000 Jahren Schnee, Milch und Früchte gemischt haben sollen. Auch die alten Griechen benutzten Gipfelschnee, den sie mit Honig, Rosenwasser und getrockneten Früchten würzten. Ähnlich bereiteten die alten Römer aus Eis und Schnee, Honig, Früchten, Baumharz, Rosenwasser, Veilchen, Zimt und Vanille kühle Erfrischungen.

Speiseeis war bis ins 16. Jahrhundert hinein ausschließlich ein Vergnügen für wenige Begüterte. Dies änderte sich, als ein Sizilianer ein Verfahren erfand, um mit Hilfe von Salpeter künstlich Kälte zu erzeugen, und der französische Naturwissenschaftler René-Antoine Réaumur zu Beginn des 18. Jahrhunderts entdeckte, dass das Umrühren von Eis während des Gefriervorgangs zu erheblichen Geschmacksverbesserungen führt. Man begann nun mit der Herstellung von Eismaschinen (Sorbetièren), die mit der Hand betrieben wurden – Speiseeis wurde somit für immer breitere Bevölkerungsschichten erschwinglich.

Wie Speiseeis war auch Zucker ein Luxusartikel, den man sparsam verwendete; erst im Zuge der Industrialisierung im späten 19. Jahrhundert wurde er zum billigen Massenprodukt und verdrängte immer stärker andere Süßungsmittel.

Als dann Carl von Linde 1876 eine sichere elektrische Kälte-Kompressions-Maschine erfand, wurde es möglich, Speiseeis in großen Mengen herzustellen. Von da an nahm die industrielle Eis-Produktion einen gewaltigen Aufschwung, vor allem als Anfang dieses Jahrhunderts eine SpeiseEismaschine erfunden wurde, die gleichzeitig kühlte und rührte. Allerdings gibt es bei der industriellen Massenproduktion andere Prioritäten als Geschmack und natürliche Zutaten, nämlich beispielsweise Gleichförmigkeit, Haltbarkeit und geringe Kosten. Um diese Ziele zu

Heißen Dank!

Dieses eisige Machwerk widme ich meiner Mutter Therese, die mir stets bei allen möglichen und unmöglichen Experimenten hilft, das versaute Geschirr wieder auf Hochglanz bringt, die Unordnung hinter mir aufräumt, die besudelten Hemden, Hosen, Böden, Wände, Tische, Geräte und vieles anderes sauber macht, mir stets mit Rat und Tat hilft etc. (viel zu viel zum Aufzählen!).

Auch mein Vater Ewald, unser »Gaortemog«, aus dessen Garten ich jede Menge wohl schmeckende Früchte zu eiskalten Schleckereien verarbeite und mir damit dann anschließend den Bauch voll schlage, der mich mit erwünschten und unerwünschten Ratschlägen auf die Palme – ausnahmsweise nicht in seinem Garten – bringt (ist auch gut so, sonst wär ja alles sooo langweilig!), mein liebster Sparringspartner, der – trotz dauernder Meinungsverschiedenheiten – mir stets hilfreich zur Seite und hinter mir steht, etc. (viel zu viel zum Aufzählen!) muss unbedingt in die Widmung aufgenommen werden.

Außerdem danke ich meinem Bruder Hans-Peter, der ein As am Computer (und überhaupt bei allem, was er anpackt) ist, mir stets aus der Klemme hilft und wieder alles in die Reihe bringt.

Auch Ute Galter sowie den anderen Mitarbeiterinnen und Mitarbeitern des pala-verlags, die beim Lesen meines Manuskriptes keine Gänsehaut und keine kalten Füße bekamen, sondern mein Eis-Buch verwirklicht haben, meinen heißen (nicht frostigen) Dank.

Zudem meinen herzlichen Dank an alle, die ich wie gewöhnlich vergessen habe – und Gottseidank!

Gewidmet ist dieses Buch natürlich auch allen Eisbären.

Nun wünsche ich Ihnen viel Vergnügen beim Experimentieren und Schlemmen!

Nick Nossem

Inhalt

Nick Nossem

Vollwert-Eis selbst gemacht –
ohne tierisches Eiweiß

erreichen, bemüht man die Technik (durch Homogenisieren und Pasteurisieren der Eis-Rohmasse) und die Chemie (mit Stabilisatoren, Emulgatoren, Bindemittel, Schwellmittel, Säuerungsmittel, Farbstoffen, Aromastoffen etc.). Es gibt über 100 von der EU zugelassene Zusatz-, Aroma-, Farb- und Konservierungsstoffe, die – vor allem im Kunstspeiseeis – Anwendung finden können. Vor allem der billige raffinierte Industriezucker ist – hauptsächlich im Frucht- und Kunstspeiseeis – üppig enthalten.

Modernes Speiseeis ist hinsichtlich seiner Zutaten und Herstellung weit von der ursprünglichen Erfrischung entfernt.

Das Besondere an diesem Buch ...

Speiseeis aus rein natürlichen Zutaten:
○ rein pflanzlich/vegan (ohne tierische Milch, Sahne, Eier, tierisches Eiweiß, Milchzucker/Laktose, Honig etc.)
○ ohne raffinierten weißen Zucker
○ ohne Cholesterin
○ ohne Gluten
○ ohne chemische Hilfsmittel (d. h. ohne künstliche Süßungsmittel und Aromen, Farb- und Geschmacksstoffe, Konservierungsmittel, Emulgatoren, Stabilisatoren etc.)

Rezepte von Ahornsirupeis bis Zwetscheneis
für:
○ alle Schleckermäuler
○ alle, die Spaß daran haben, Eis selbst zu machen
○ alle, die gesünder schlemmen wollen
○ alle, die auf ihre schlanke Linie achten
○ alle, die sich vegetarisch ernähren
○ alle, die an Allergien leiden
und alle anderen Eis-Liebhaberinnen und -Liebhaber!

Warum »natürliches« Eis?
Immer mehr Lebensmittelskandale in immer kürzeren Abständen machen deutlich, dass industriell hergestellte Lebensmittel nicht ganz unbedenklich sind. Besonders gefährdet sind dabei die Schwächsten: Kinder, ältere Menschen, Kranke oder Leute in Stresssituationen. Die rapide Zunahme ernährungsbedingter Zivilisationskrankheiten wie Allergien, Darmfunktions- und Stoffwechselstörungen, Herz- und Kreislaufleiden, Übergewicht, Karies etc. zwingt immer mehr Menschen zum Umdenken. Da

die moderne Zivilisationskost, die als eine der Hauptursachen dieser Krankheiten gilt, vieler ihrer wertvollen Wirkstoffe beraubt ist, sollte man versuchen, sich möglichst vollwertig zu ernähren, das heißt:

○ den Genuss von tierischen Produkten einschränken
○ möglichst auf industriell hergestellte, denaturierte Nahrungsmittel und Zusatzstoffe verzichten
○ naturbelassene Nahrung und schonende Zubereitungsmethoden bevorzugen.

Leckermäulern, besonders Speiseeis-Fans, fällt das natürlich schwer, da Speiseeis normalerweise aus viel Zucker (einem der denaturiertesten Nahrungsmittel überhaupt), tierischer Milch und Sahne sowie Eiern hergestellt wird. Da spielt es auch keine Rolle, ob nun die Lust auf Süßes angeboren ist (in der Muttermilch befindet sich Milchzucker) oder antrainiert wurde (durch »süße Gewohnheiten«).

Kalte Speisen stehen einer gesunden Ernährungsweise prinzipiell nicht entgegen. Während Hitze wertvolle Inhaltsstoffe (z. B. Vitamine, Enzyme) zerstört, führt Kälte kaum zu Vitaminverlusten. Auch ist Eis nur in Ausnahmefällen schlecht für den Magen, denn man lässt es ja langsam auf der Zunge zergehen, so dass es beim Schlucken bereits etwa 8 °C und im Magen fast Körpertemperatur erreicht hat.

Und Speiseeis kann – wie dieses Buch zeigt – auch auf natürliche Weise zubereitet werden.

Welche Zutaten werden verwendet?

Bei den Rezepten wurde versucht, die Nahrungsmittel so natürlich wie möglich zu belassen, möglichst schonend zu verarbeiten, ein Erhitzen der Zutaten zu vermeiden und möglichst wenig Süßungsmittel zu benutzen. Allerdings mussten aus verschiedenen Gründen, z. B. Geschmack und Genießbarkeit, Ausnahmen gemacht werden.

Man sollte nur einwandfreie, wohl schmeckende, frische, reife, unverdorbene Zutaten verwenden und auf Qualität achten, da das Endergebnis Eiscreme nur so gut ist wie jedes der verwendeten Teile. Eine einzelne schlechte Zutat genügt, um das Endergebnis zu verderben. Früchte sollten sehr fein püriert werden, da größere Fruchtstückchen leicht durchfrieren und im Mund unangenehm und zu kalt wirken.

Die Rezepte sind nicht auf bestimmte Portionen oder Eisbehälter-Füllungen ausgelegt. Es werden gebräuchliche Mengen angegeben, z. B. ist Sojamilch in 0,5-Liter-Behältern erhältlich oder Tiefkühlfrüchte in 340-Gramm-Packungen. Die Rezepte sind einfach gehalten; für das Grundrezept werden so wenige Zutaten wie möglich benutzt. Zusätzlich kann man natürlich nach dem eigenen Geschmack bzw. der jeweiligen Nahrungsmittelverträglichkeit Abwandlungen vornehmen.

Süßen ohne Zucker

Süßen ist Geschmacksache, und bei jedem Menschen ist das Süße-Empfinden aufgrund von Veranlagung, Erziehung und Gewohnheiten anders ausgeprägt. Zudem unterscheidet sich jede einzelne Frucht von der nächsten in puncto Sorte, Reifegrad, Herkunft, Lage etc. Gelegentlich muss etwas mehr als eigentlich nötig gesüßt werden, da sich durch das Süßen erst das Aroma der benutzten Zutaten entwickelt.

Für die hier vorgestellten Rezepte wird als Süßungsmittel bevorzugt Frucht-Dicksaft verwendet, da er sich dank flüssiger Konsistenz gut mit anderen Zutaten verbindet und geschmacklich weitgehend neutral ist, wobei es natürlich auf die benutzte Sorte bzw. Marke ankommt – ein Vergleich lohnt sich. Zudem ist Dicksaft relativ preiswert und in fast allen Bioläden und Reformhäusern erhältlich. Man kann ihn aber auch durch andere Süßungsmittel ersetzen. Ein Esslöffel Dicksaft entspricht etwa 20 g Trockenfrüchten.

Wer es gerne süßer mag, kann den Süßungsmittelanteil nach eigenem Geschmack erhöhen. Verringern sollte man ihn allerdings nicht, da meist die geringstmögliche Menge angegeben wurde. Die Geschmacksnerven reagieren bei kalten Speisen wesentlich unempfindlicher. Speiseeis muss man deshalb kräftiger süßen und aromatisieren als normale Desserts. Dennoch sollte man auch alternative Süßungsmittel nicht übermäßig verwenden.

Eis – ohne Milch und Sahne!

Als Milchersatz wird Sojamilch benutzt, weil sie sehr gesund ist und sich dank ihrer flüssigen Konsistenz sehr gut mit anderen Zutaten mischen lässt. Zudem gibt es sie in fast allen Bioläden, Reformhäusern und sogar in Naturkostabteilungen von Supermärkten zu einem erschwinglichen Preis zu kaufen. Sie lässt sich einfach verarbeiten.

Vom Geschmack her gibt es je nach Hersteller große Unterschiede. Man sollte verschiedene Sojamilch-Sorten testen und miteinander vergleichen, um diejenige herauszufinden, die man persönlich am liebsten mag. Wer will bzw. muss, kann Sojamilch auch durch Alternativen wie Nuss- oder Reismilch ersetzen. Sehr lecker ist auch Hafermilch, die allerdings Gluten enthält, also für Leute mit Klebereiweiß-Unverträglichkeit (Zöliakie) ungeeignet ist. Abgesehen davon ist Hafer sehr gesund und bekömmlich.

Köstliche Variationen

Wie bereits erwähnt kann man statt Frucht-Dicksaft auch andere Süßungsmittel verwenden, z. B. Trockenfrüchte, Ahornsirup, Agaven-Dicksaft, Fruchtkraut etc. Ein Teelöffel Vanille verfeinert sehr oft den Geschmack der Eismischung und intensiviert das

Aroma. Der Saft einer halben Limette gibt Fruchteis ein wenig Säure und Frische. Die Zugabe von etwas kaltgepresstem, neutral schmeckendem Pflanzenöl (z. B. Sojaöl) in die Eismischung macht Speiseeis cremiger (aber auch fetter und kalorienhaltiger!).

Wer sich nicht auf vegane Kost einschränken will bzw. muss, kann selbstverständlich die Bestandteile der Eismischungen austauschen und z. B. Sojamilch durch Kuhmilch oder Sahne ersetzen sowie Honig und Eier benutzen.

Zutaten beim »normalen« Eis

Tierische Milch(-Produkte)

Bei der üblichen Eisherstellung finden viele verschiedene Milchprodukte Verwendung, z. B. Vollmilch, Sahne, Sauermilchprodukte (Joghurt, Buttermilch, Quark). Milch ist ein hochwertiges Lebensmittel und ernährungsphysiologisch wertvoll. Da sie aber meist nur pasteurisiert, sterilisiert oder als H-Milch angeboten wird, treten Nährstoffverluste auf. Eine Ausnahme ist die naturbelassene Rohmilch (Vorzugsmilch). Alle Milchprodukte können allerdings Schadstoffrückstände enthalten, die z. B. durch das Futter aufgenommen wurden.

Eier

Eier sind ein hochwertiges Nahrungsmittel, enthalten allerdings auch viel Cholesterin. Sie können Schadstoffrückstände aufweisen, die durch das Futter aufgenommen wurden; zudem besteht bei Eiern eine mögliche Salmonellen-Gefahr.

Süßungsmittel

○ *Raffinierter Industriezucker (Saccharose)*

Industriezucker gehört zu den am stärksten denaturierten Nahrungsmitteln. Er wird aus Zuckerrohr oder Zuckerrüben hergestellt. Nach vielen Produktionsschritten und Raffinaden entsteht das Endprodukt kristallförmige Saccharose (weißer Haushaltszucker) – ein »leeres« Kohlenhydrat. Zucker wird für das Entstehen vieler Zivilisationskrankheiten, z. B. Herz- und Kreislaufleiden, Diabetes, Übergewicht, Verdauungsstörungen und Karies, mitverantwortlich gemacht.

O *Traubenzucker (Glukose)*

Traubenzucker wird chemisch aus Maisstärke oder Holz gewonnen. Mit dem in Früchten vorkommenden Traubenzucker hat der käufliche Traubenzucker nur die chemische Formel gemein. Wie Industriezucker führt er dem Körper nur Kohlenhydrate zu und hat die gleichen schädlichen Wirkungen.

O *Fruchtzucker (Fruktose)*

Fruchtzucker ist ein denaturiertes isoliertes Produkt, das durch chemische Prozesse aus Zichorie, Topinambur oder Rohrzucker gewonnen wird. In Früchten selbst kommt er nur in geringen Mengen vor.

O *Künstliche Süßungsmittel*

Künstliche Süßungsmittel sind chemische Stoffe, die stark süß schmecken. Sie werden synthetisch hergestellt. Über ihre Langzeitwirkungen ist noch keine eindeutige Aussage möglich.

O *Saccharin*

Saccharin ist 500-mal süßer als Industriezucker, aber nicht kochfest. Der Verdacht, Krebs zu verursachen, konnte nicht bewiesen werden. Dennoch wurde Saccharin 1977 in den USA verboten.

O *Cyclamat*

Cyclamat ist 30-mal süßer als Industriezucker, kochfest und wasserlöslich. Es besteht der Verdacht, dass die Hormonbildung beeinflusst wird. Cyclamat ist in den USA seit 1969 verboten.

O *Aspartam*

Aspartam ist 200-mal süßer als Industriezucker. Der Stoff wird verdächtigt, Allergien auszulösen und den Appetit anzuregen (Fressanfälle). Der Verdacht auf Hirnschädigungen konnte nicht bewiesen werden.

O *Rohzucker/Vollrohrzucker/Brauner Zucker*

Roh-Rohrzucker wird aus Zuckerrohr hergestellt, indem der ausgepresste Saft eingedickt und getrocknet wird. In der dunkelbraunen körnigen, klebrigen Masse sind die Zuckerkristalle noch nicht von der Melasse getrennt. Daher besitzt Rohzucker noch einige Vitamine, Mineralstoffe und Spurenelemente. Rohzucker schmeckt karamellartig und nicht so süß wie Industriezucker. Durch den hohen Feuchtigkeitsanteil ist er nicht sehr haltbar.

Brauner Rohzucker darf nicht mit braunem Kandiszucker verwechselt werden, der aus raffiniertem Industriezucker durch Zusetzen von Karamell oder Zuckercouleur hergestellt wird.

Zu der Frage, ob Rohzucker vollwertiger und gesünder ist als Industriezucker, gibt es unterschiedliche Auffassungen, da auch er dem Körper Vitamine (B-Gruppe) und Mineralstoffe entzieht.

O *Melasse*

Melasse wird aus Zuckerrohr oder Zuckerrüben hergestellt. Durch Einkochen und Auskristallisieren des Saftes wird eine sirupähnliche, dicke Konsistenz erreicht, die einen leicht bitteren Eigengeschmack besitzt. Melasse besteht zu 50 % aus Fruchtzucker, enthält Vitamine (A, D sowie B-Gruppe), Mineralstoffe (Kalium, Kalzium, Eisen, Phosphor, Magnesium, Kupfer, Zink) und ist im Gegensatz zu Industriezucker nicht säurebildend; allerdings hat sie ähnliche schädliche Auswirkungen.

Eiszutaten einmal anders ...

Alternativen zu tierischen Milchprodukten

O *Sojamilch und Sojamilchprodukte*

Sojabohnen gehören zu den Hülsenfrüchten und enthalten – wie alle Bohnen – einen giftigen Blähstoff, der erst durch Erhitzen ausgeschaltet wird. Sie enthalten bis zu 40 % hochwertiges Eiweiß (Protein), 20 % Fett mit einem hohen Anteil an mehrfach ungesättigten Fettsäuren, viele Vitamine (Provitamin A, Vitamine der B-Gruppe sowie Vitamin D und E) und Mineralstoffe (sehr hoher Magnesium- und Eisengehalt, außerdem Kalium, Kalzium, Phosphor, Natrium, Kupfer) sowie einen hohen Anteil an Lezithin und Linolsäure. Sie sind basenüberschüssig, besitzen kein Cholesterin und nur wenig Purinstoffe.

Sojamilch ist ein Getränk, das aus gelben Sojabohnen und Wasser hergestellt wird. Es wird in Bioläden und Reformhäusern, manchmal auch schon in Naturkostabteilungen von Supermärkten angeboten. Man kann sie aber auch selbst herstellen (siehe S. 131). Sie ähnelt äußerlich der Kuhmilch, besitzt aber einen leichten Eigengeschmack. Sojamilch ist ein idealer Ersatz für Menschen, die gegen Kuhmilch allergisch sind, da sie keinen Milchzucker (Laktose) enthält und leicht verdaulich ist.

Tofu wird aus heißer Sojamilch unter Zuhilfenahme eines Gerinnungsmittels hergestellt und hat je nach Sorte eine weiche bis feste Konsistenz – ähnlich der von Joghurt bis zu Quark und Käse. Tofu hat einen leichten Eigengeschmack und ist ebenfalls mittlerweile vielerorts erhältlich – außer in Bioläden und Reformhäusern auch in Asien-Lebensmittelgeschäften.

Anders als beim normalen Tofu gibt es beim **Seidentofu** (S. 130) keine Trennung in Quark und Molke. Die Konsistenz ist cremig weich.

Soja-Joghurt und **Soja-Kefir** werden mit Milchsäurebakterien aus Sojamilch hergestellt. Fertigprodukte und Starterkulturen sind in Reformhäusern erhältlich.

○ Nussmilch

Als weitere Alternative zu tierischer Milch bietet sich Milchersatz aus Nüssen, Kernen bzw. Samen und Wasser an, die so genannte Nussmilch. Am bekanntesten sind Mandel- und Kokosmilch, die in Bioläden, Reformhäusern bzw. Asien-Lebensmittelgeschäften erhältlich sind. Man kann Nussmilch leicht selbst herstellen (siehe S. 128) und hierzu auch andere Nüsse, Kerne bzw. Samen zu Milchersatz verarbeiten, z. B. Sesam, Sonnenblumenkerne, Walnüsse oder Erdnüsse. Jede Nussmilch hat einen mehr oder minder ausgeprägten Eigengeschmack.

Nüsse, Kerne bzw. Samen können aus unterschiedlichen Pflanzenfamilien stammen. Sie sind sehr kalorien- bzw. energiereich und enthalten viele Vitamine, Mineralstoffe, hochwertiges Eiweiß und außerdem einen hohen Anteil an ungesättigten Fettsäuren. Durch ihren hohen Fettgehalt werden sie leicht ranzig oder schimmelig. Verfärbte und angeschimmelte Nüsse sollte man keinesfalls verwenden, da sie hochgiftige krebserregende Aflatoxine enthalten können.

Nüsse sollte man möglichst ungeschält kaufen und selber knacken – diese sind aromatischer und enthalten mehr Vitamine. Besonders geschälte Nüsse sollten trocken, kühl, dunkel und luftig aufbewahrt werden.

Rösten/Darren intensiviert und verbessert das Aroma und den Geschmack der meisten Nüsse. In Bioläden und Reformhäusern wird von einigen Nusssorten (z. B. Haselnuss, Mandel, Erdnuss, Cashew) Nussmus angeboten, das aus 100 % Nussanteil ohne Zusätze oder Süßungsmittel hergestellt wird.

○ *Getreidemilch*

Auf enzymatischem Wege hergestellte Getreidemilch aus Hafer oder Reis ist in gut sortierten Bioläden oder Reformhäusern erhältlich. Sie enthält aber oft neben den Getreiden selbst auch noch verschiedene andere Inhaltsstoffe, z. B. Öle, Vanille, Lezithin. Doch man kann auch eine Art Milch-Ersatz aus Getreide leicht selbst herstellen (siehe S. 121) Diese hat zwar nicht die Konsistenz des gekauften Milch-Ersatzes, ist aber wesentlich billiger und hat den Vorteil, dass man auch andere Getreidesorten benutzen kann, je nach Geschmack oder Verträglichkeit. Getreide oder Cerealien ist der Sammelbegriff für die Früchte bestimmter Gräser. Dazu gehören Weizen, Roggen, Dinkel, Grünkern, Kamut, Gerste, Hafer, Reis, Hirse, Mais, Buchweizen, Amarant, Quinoa. Besonders der Keimling enthält wertvolle Nährstoffe: hochwertiges Protein, Fett mit viel ungesättigten Fettsäuren, Vitamine der B-Gruppe und E, sowie Mineralstoffe wie Eisen, Magnesium und Kalzium. Daher ist Vollwert-Getreide dem ausgemahlenen unbedingt vorzuziehen. Angeboten wird es als Korn, Graupen, Grütze, Schrot, Grieß, Flecken, Mehl, Dunst, Stärke, Kleie (je nach Vermahlung). Getreide muss aufgeschlossen werden, d. h. mit Feuchtigkeit und Hitze für den menschlichen Körper verdaulich gemacht werden. Getreideflocken sind gedämpfte und gewalzte Körner und daher schon sofort genießbar. Am bekanntesten sind wohl Haferflocken und Cornflakes. Flocken gibt es aber auch von vielen anderen Getreiden. Weitere Produkte zum Direktverzehr sind Puffreis und gepopptes Amarant. Manche Menschen können das in verschiedenen Getreidesorten enthaltene Klebereiweiß (Gluten) nicht vertragen. Es steckt z. B. in Weizen, Dinkel, Roggen, Gerste, Hafer. Aber es gibt auch Getreide ohne oder mit nur geringen Spuren Gluten, z. B. Reis, Mais, Hirse, Buchweizen, Amarant, Quinoa, das auch Zöliakie-Kranke genießen können.

Alternative Süßungsmittel

O *Sirup*

Sirup wird hauptsächlich aus Zuckerrüben (Rübensirup, Rüben-kraut) hergestellt, wobei der Saft der gekochten Zuckerrüben eingedickt wird. Es gibt aber auch Gersten-, Mais- und Vollreis-sirup. Der letztgenannte hat im Gegensatz zu den anderen eine dünnere Konsistenz. Zuckerrübensirup enthält 40 bis 60 % Zu-cker (Glukose, Fruktose, Saccharose), geringe Mengen Vitamin B_6 und Mineralstoffe (Kalzium, Kalium, Natrium, Eisen, Phosphor). Trotz des Melasse-Anteils kann Sirup die gleichen schädlichen Wirkungen wie Industriezucker nach sich ziehen, wenn er über-mäßig verbraucht wird.

O *Malz*

Malzextrakt wird aus Getreide (hauptsächlich Gerste, aber auch aus Reis oder Weizen) gewonnen. Zu einer zähflüssigen Masse weiterverarbeitet besteht Malz zu 60 % aus Zucker (Maltose, Glukose). Obwohl Malz nicht so süß ist wie Industriezucker, wirkt es bei übermäßigem Gebrauch ähnlich schädlich.

O *Honig*

Honig ist eines der beliebtesten alternativen Süßungsmittel der Vollwertküche. Er besteht zu 80 % aus Invertzucker (Mischung aus Trauben- und Fruchtzucker) und ist dadurch fast 1½- mal so süß wie Industriezucker. Vitamine und Mineralstoffe sind nur begrenzt vorhanden, dafür enthält er jedoch sieben Enzyme, die das Wachstum von Bakterien verhindern. Honig kann gut vom Körper verarbeitet werden. Man sollte Honig nicht über 40 °C erhitzen, da er sonst seine wertvollen Inhaltsstoffe verliert; da-her sollte man auch beim Kauf »kaltgeschleuderten« Honig be-vorzugen. Es sind viele verschiedene Sorten erhältlich, die sich bezüglich Farbe (hellgelb bis dunkelbraun), Festigkeit (flüssig bis fest) und Geschmack (neutral bis zu kräftigem Eigenaroma) sehr stark unterscheiden. Honig sollte stets fest verschlossen (sehr geruchsempfindlich), kühl, trocken und dunkel aufbewahrt werden – aber nicht zu lange, da er sonst kristallisiert. Durch den hohen Zuckergehalt kann Honig ähnlich schädliche Auswirkungen zur Folge haben wie Industriezucker (Karies etc.).

O *Agavendicksaft*

Agavendicksaft ist ein relativ neues Produkt auf dem heimischen Markt, obwohl der Saft schon von Inkas und Atzteken zum Süßen benutzt wurde. Der Dicksaft wird aus der wilden Agave, die in entlegenen Gegenden Mexikos wächst, gewonnen. Er ist relativ geschmacksneutral und hat eine hohe Süßkraft. Sein Gehalt an Mineralstoffen sollte aber trotzdem nicht zum übermäßigen Gebrauch verführen.

O *Ahornsirup*

Ahornsirup ist ein natürliches Süßungsmittel aus dem Saft von Ahornbäumen. Durch Anzapfen der Bäume gewinnt man Saft, der dann durch Kochen eingedickt wird. Er besteht zu 65 % aus Zucker (hauptsächlich normale Saccharose, kaum Trauben- oder Fruchtzucker), enthält aber neben Apfelsäure auch Spurenelemente und Mineralstoffe.

Man sollte Ahornsirup aus Kanada bevorzugen, da er – im Gegensatz zu dem aus den USA – keine chemischen Zusätze oder Konservierungsstoffe enthält. Es sind verschiedene Grade erhältlich, wobei »Grade A« (frühe Zapfung) mild, sehr süß, hell, dünnflüssig und arm an Mineralstoffen ist, während »Grade C« (späte Zapfung) intensiv, würzig, dunkel, dickflüssig ist und aufgrund seines wesentlich höheren Anteils an Mineralstoffen wertvoller. Man sollte Ahornsirup unbedingt im Kühlschrank aufbewahren, da er sehr leicht gärt. Auch Ahornsirup sollte nicht übermäßig genossen werden (hoher Zuckergehalt).

O *Frucht- bzw. Obstkraut*

Fruchtkraut, das hauptsächlich aus Äpfeln und/oder Birnen, aber z. B. auch aus Datteln besteht, wird ähnlich wie der Zuckerrübensirup hergestellt. Der Saft der reifen, ungeschälten, gekochten Früchte wird ausgepresst und bei geringer Temperatur eingedickt. Das so gewonnene geleeartige Fruchtkraut ist reich an Mineralstoffen.

Man sollte unbedingt auf einen eventuellen Zuckerzusatz achten – erlaubt sind 39 g auf 100 g Fruchtanteil. Wurde kein Zucker zugesetzt, ist dies durch den Zusatz »Extra« gekennzeichnet. Geschmacklich gibt es auch große Unterschiede zwischen den verschiedenen Sorten. Während Apfelkraut säuerlich ist und einen ausgeprägten Eigengeschmack besitzt, ist Birnenkraut süß und geschmacklich eher neutral, Dattelkraut (auch als Dattelmark oder -mus bezeichnet) dagegen süß mit einem eigenem Geschmack. Auch Fruchtkraut sollte man nicht übermäßig verbrauchen.

O *Frucht-/Obst-Dicksaft*

Frucht-Dicksaft wird hauptsächlich aus Äpfeln oder Birnen hergestellt, es gibt aber auch z. B. Trauben-, Orangen- oder Misch-Dicksäfte (Apfel/Kirsch, Apfel/schwarze Johannisbeere etc.). Dem frisch gepressten Obstsaft wird dabei durch Einkochen der Wasseranteil entzogen. In der zurückbleibenden dickflüssigen Masse konzentriert sich der Fruchtzucker. Dessen hohe Süßkraft ist ein idealer Zuckerersatz.

Wie beim Fruchtkraut gibt es auch beim Frucht-Dicksaft große Geschmacksunterschiede je nach Sorte. Während Apfel-Dicksaft süß-säuerlich schmeckt, sind Birnen- und Trauben-Dicksäfte süß und neutraler im Geschmack. Mischungen wie Apfel/schwarze Johannisbeere haben zum Teil einen sehr ausgeprägten Eigengeschmack.

Wie alle anderen Süßungsmittel kann auch Frucht-Dicksaft im Übermaß genossen gesundheitlich schädliche Auswirkungen nach sich ziehen.

O *Trockenfrüchte/Trockenobst/Backobst*

Trockenfrüchte werden aus einwandfreien, frischen, reifen Früchten hergestellt, denen durch Trocknen, Dörren oder im Vakuum das Wasser entzogen wurde. Dadurch konzentriert sich in der Trockenmasse der Gehalt an Nährstoffen, z. B. Trauben- und Fruchtzucker, Mineral- und Ballaststoffe, zum Teil auch Vitamine. Außerdem werden neben natürlicher Süße neue und interessante Geschmackskomponenten gebildet. Konventionelle Ware ist meist chemisch behandelt – mit Schwefel, Gas, Konservierungsstoffen, Schimmelpilzgiften – und/oder Öl.

Trockenfrüchte sollten luftig, kühl, trocken und gut verschlossen aufbewahrt werden. Bei zu langer Lagerung kann es leicht zu einer Verzuckerung und zu Geschmacksverlust kommen. Aber auch hier gilt: Man sollte Trockenfrüchte nicht übermäßig verbrauchen.

Früchte/Obst

○ *Frischobst*

Früchte sind sehr wertvolle Nahrungsmittel, die viele Vitamine und Mineralstoffe enthalten. Roh gegessen ist Obst am wertvollsten, weil man auf diese Weise alle Inhaltsstoffe optimal ausnutzen kann. Schälen sollte man Früchte möglichst nicht, da die Schale reich an Ballaststoffen ist und wichtige Nährstoffe darunter konzentriert sind. Allerdings lagern sich auch viele Schadstoffe in und unter der Schale ab. Obst sollte nur unzerkleinert, kurz, aber gründlich unter lauwarmem Wasser gereinigt und sofort verzehrt werden. Dadurch werden Schadstoffe entfernt und Nährstoffverluste gering gehalten. Angeschimmelte und angefaulte Früchte sollten weggeworfen werden.

Man sollte frische Früchte entsprechend der Jahreszeit kaufen und einheimisches Obst aus kontrolliert biologischem Anbau bevorzugen. Importiertes Obst aus dem Supermarkt ist oft höher durch Schadstoffe belastet (Pflanzenschutzmittel, Konservierungsstoffe etc.). Daher sollte man nicht nur nach Größe und Aussehen urteilen. Frischobst sollte so bald wie möglich verbraucht und nicht zu lange gelagert werden.

O Tiefkühlobst

Tiefgekühltes Obst ist nach Frischobst die beste Kaufentscheidung, denn Nährstoffe, Vitamine und Ballaststoffe bleiben beim Gefrieren zum größten Teil erhalten. Bestimmte (exotische) Früchte sind meist nur tiefgekühlt erhältlich. Tiefkühlobst sollte möglichst langsam auftauen. Beim Kauf ist auf einen eventuellen Zuckerzusatz zu achten.

O Fruchtsaft

Unter dieser Bezeichnung sind Säfte mit 100 % Fruchtanteil erhältlich. Bis zu 15 g Zucker pro Liter dürfen zugesetzt werden, mit Ausnahme von Birnen- und Traubensaft. Die meisten Fruchtsäfte werden aus Konzentraten hergestellt. Dazu wird der gepresste Saft konzentriert und später mit Wasser rückverdünnt. Bei Direktsäften, die nach dem Pressen abgefüllt werden, bleibt das fruchttypische Aroma besser erhalten.

Durch Pasteurisieren werden die Säfte haltbar gemacht, dadurch geht ein Teil der Vitamine verloren.

Weniger empfehlenswert ist Fruchtnektar, er enthält nur einen Fruchtsaftanteil zwischen 25 und 50 %. Noch mehr Zucker und Wasser wird bei Fruchtsaftgetränken beigemischt, sie müssen lediglich 6 % Fruchtsaft enthalten.

O Dunst-Obst

Vitaminverluste gibt es auch beim Dunst-Obst. Dunst-Obstkonserven werden gänzlich ohne Zusatz von Zucker oder Süßstoffen hergestellt. Die in Wasser eingelegten Früchte sind im Reformhaus erhältlich.

Die Eisherstellung

Nur bei bestimmten Voraussetzungen!

Gefrieren Flüssigkeiten zu Eis, bilden sich Kristalle – das Eis wird hart und wirkt unangenehm kalt auf der Zunge. Um solche festen Eisklumpen zu verhindern, müssen folgende Faktoren beachtet werden:

○ *Bewegung*

Um festes Erstarren zu verhindern, darf man dem Eis bei der Temperaturabsenkung keine Ruhe lassen, sondern es ständig bewegen. Für diese Aufgabe benötigt man eine Eismaschine.

○ *Luft*

Speiseeis besteht zum größten Teil aus Luft, die teilweise in der Eismaschine untergemischt wird. Dies erreicht man auch mit geschlagenem Eiweiß oder Schlagsahne, da durch das Schlagen viel Luft untergemischt wird.

○ *Fett und Süßungsmittel*

Diese beiden Zutaten schmieren die einzelnen Kristalle und sorgen so für eine weiche und cremige Konsistenz.

Eismaschinen und Arbeitsgeräte

○ *Sorbetière*

Elektrische Sorbetmaschine mit integrierter Kältemaschine und Rührwerk. Für Profis geeignet, relativ teuer.

O *Speiseeisbereiter mit Handbetrieb*

Ohne Kabel, Bedienung mit Handkurbel, sehr preisgünstig. Es gibt zwei Ausführungen: Eis-Behälter wird entweder mit einer Eis/Salz-Mischung gekühlt oder im Gefrierfach des Kühlschranks bzw. Gefriertruhe vorgekühlt.

O *Elektrischer Speiseeisbereiter*

Eisbehälter wird in der Tiefkühltruhe 8 – 10 Stunden vorge-kühlt. Mit einem Rührwerk werden die Zutaten in dem kalten Behälter langsam vermischt.

O *Vollautomatischer Speiseeisbereiter*

Eigenes Kühlaggregat, sehr teuer.

O *Andere benötigte Arbeitsgeräte:*

Normale Küchengeräte, die in jedem Haushalt zu finden sind, z. B. Messer, Löffel, Messbecher, Schüssel, Topf, Pfanne, (Hand-) Mixer, Nuss- bzw. Kaffeemühle, Sieb, Zitruspresse etc.

Folgende Fehler können auftreten

O *Speiseeis zu hart*

Mögliche Ursachen:
- O zu wenig Luft oder Bewegung
- O zu viele flüssige Bestandteile
- O zu wenig Süßungsmittel oder Fett

O *Speiseeis zu weich*

Mögliche Ursachen:
- O zu viel Luft oder Bewegung
- O zu viele feste Bestandteile
- O zu viel Zucker oder Fett

Hygiene

Auf die absolute Sauberkeit aller verwendeten Geräte ist unbedingt zu achten, damit keine Krankheitskeime ins Eis gelangen können!

Haltbarkeit

Speiseeis schmeckt frisch zubereitet am besten. Natürliches Speiseeis ohne Stabilisatoren und andere Hilfsmittel sollte nicht im Gefrierschrank gelagert werden, da es dort schon nach kurzer Zeit hart wird und an Geschmack und Aroma verliert. Daher sollte man möglichst nur die Menge Speiseeis herstellen, die man verzehren will.

Eissorten

O *Granité*

Durch einen hohen Wasseranteil und gleichzeitig wenig Fett und Süßungsmittel kristallisiert die Eismasse beim Gefrieren, so dass sich größere, gröbere Eiskristalle bilden.

O *Sorbet*

Eis aus Früchten und Süßungsmittel. Durch einen geringeren Wasseranteil und/oder einen höheren Fett/Süßungsmittel-Anteil sind Sorbets cremiger als Granités. Die Eiskristalle sind sehr fein.

O *Parfait*

Eismasse, die mit geschlagener Sahne zubereitet wird. Sie muss darum während des Gefriervorgangs nicht gerührt werden und bleibt trotzdem cremig.

O *Spoom*

Eismasse, die mit steif geschlagenem Eischnee zubereitet wird. Konsistenz und Zubereitung sind ähnlich wie beim Parfait.

O *Eisbombe*

Mehrschichtige Eistorte, bei der jede Eisschicht eine extra Gefrierzeit benötigt.

O *Milcheis*

Eismasse mit einem Anteil von Milch.

O *Softeis*

In speziellen Softeis-Automaten wird die Eismasse unter Einschlagen von Luft gefroren.

Die Präsentation

Speiseeis kann man einfach so aus einem Becher essen oder auf einer Waffel lutschen; mit verschiedenen Zusätzen allerdings kann man das Eisessen noch interessanter gestalten.

O *Früchte*
Kalte oder heiße ganze Früchte bzw. Fruchtstücke, kaltes Mus, heißes Kompott, Fruchtgrütze (S. 118), Obstsalat.

O *Nüsse, Kerne bzw. Samen*
Frische oder geröstete Mandelstifte, Haselnussraspel, Kokosflocken, Sonnenblumenkerne, Sesam, Mohn, Sojaschrot.

O *Sauce*
Kalte oder heiße Vanille- oder Schokosauce (S. 135, 129), Karamell-Fäden (S. 123), aufgeschäumte Sojamilch (pur, Fruchtmilch, Nussmilch, Dickmilch, Sauerrahm), Fruchtsaft, Nussmus, Dicksaft, Ahornsirup.

O *Tofusahne*
Pur (S. 134), mit Vanille, Zimt, Carob, Pfefferminz, Fruchtsaft, Nussmus.

O *Garnitur*
Klein geschnittene Trockenfrüchte, Zimtpulver, Carobstreusel (S. 116).

O *Gebäck*
Blinis, Tortillas, Chips, Waffeln (S. 119f.).

O *Schalen*
Eis in ausgehöhlten großen Obst- und Nussschalen, z. B. von Ananas, Kokosnuss, Melone, Orange, Avocado, Mango.

Eisdrinks

O *pur*
Eis unvermischt, gerührt oder verquirlt in kaltem oder heißem Kaffee sowie in Tee, Fruchtsaft, Sojamilch pur (S. 131), Vanillesauce (S. 135).

Eisbecher

O *Früchte-Becher*
Eis mit (gemischten) Fruchtstückchen.

O *Eis Melba*
Eis mit ganzer oder halber Frucht und Sauce, z. B. Pfirsich Melba: Vanilleeis (S. 114), Pfirsich, Himbeersauce.

O *Banana-Split*
Halbe Bananen, Vanilleeis (S. 114), Schoko- bzw. Carobsauce (S. 129).

O *Birne Helene*
Vanilleeis (S. 114), Birnenhälften, heiße Schoko- bzw. Carobsauce (S. 129).

O *Spiegelei*
Auf Teller Vanilleeis (S. 114) dünn verstreichen, eine halbe Aprikose (Rundung nach oben) darauf gelegt.

O *Spaghetti-Eis*
Helles cremiges Eis (z. B. Banane, S. 43) durch eine Kartoffelpresse drücken, rote Fruchtsauce bzw. -mus (z. B. Erdbeere) darüber gießen, mit Mandelstiftchen oder Kokosflocken bestreuen.

Fruchteis

Ananas

Ananas enthält Provitamin A, Vitamin B$_1$, B$_2$, C, Kalium, Kalzium und Eisen; die Früchte sind reich an Fruchtsäuren und besitzen das Eiweiß zersetzende Enzym Bromelin. Dadurch fördern sie die Verdauung. Je nach Sorte und Reifegrad schwankt ihr Geschmack zwischen süß und sauer. Sie werden meist grün geerntet, was ihrem Aroma nicht bekommt. Die Früchte reifen in warmen Räumen noch etwas nach, ansonsten sollte man sie kühl lagern, aber nicht unter 5 °C, da sonst durch Unterkühlung braune Flecken am Fruchtfleisch entstehen. Sie halten sich nur ein paar Tage und sind sehr druckempfindlich (Druckstellen verderben) – daher immer aufrecht lagern. Ist die Ananas an einer Stelle besonders weich, deutet das auf eine verfaulte Stelle hin. Eine reife Ananas duftet intensiv, gibt rundum auf Fingerdruck nach, und die Rosettenblätter im Zentrum lassen sich leicht herauszupfen.

Ananas-Sorbet – Schaumeis/Softeis I
1 Ananas / 3 – 4 EL Frucht-Dicksaft

Ananas-Krone und Boden abschneiden, vierteln, Strunk herausschneiden, Fruchtfleisch aus der Schale schneiden, Schale kräftig ausdrücken und Saft auffangen (600 ml), Rückstände aus dem Fruchtfleisch herausschneiden. Fruchtfleisch in kleine Stücke schneiden und mit einem Mixer zu sehr feinem Mus pürieren. Fruchtmus durch ein Sieb streichen (Fasern). Fruchtsaft zusammen mit dem Dicksaft gründlich mixen. In die Eismaschine füllen und gefrieren lassen.

Ananas-Sorbet – Schaumeis/Softeis II
1 Ananas / 60 g Trockenananas

Ananas-Krone und Boden abschneiden, vierteln, Strunk heraus-schneiden, Fruchtfleisch aus der Schale schneiden, Schale kräf-tig ausdrücken und Saft (600 ml) auffangen, Rückstände aus dem Fruchtfleisch herausschneiden. Fruchtfleisch in kleine Stü-cke schneiden und mit einem Mixer zu sehr feinem Mus pürie-ren. Fruchtmus durch ein Sieb streichen (Fasern). Trockenana-nas (eventuell vorher einweichen) und wenig Ananassaft mit einem Mixer sehr lange und gründlich zu sehr feinem Mus pü-rieren. Den restlichen Ananassaft nach und nach zufügen und gründlich durchmixen. In die Eismaschine füllen und gefrieren lassen.

Trockenananas-Milcheis
100 – 150 g Trockenananas /
500 ml Sojamilch (möglichst kalt)

Trockenananas – falls sie hart sind – einige Stunden in etwas Sojamilch einweichen. Trockenananas mit wenig Sojamilch mit einem Mixer sehr lange und gründlich zu sehr feinem Mus pü-rieren. Die restliche Sojamilch nach und nach zufügen und gründ-lich durchmixen. In die Eismaschine füllen und gefrieren las-sen.

Ananas-Tofu-Eis

1 Ananas/ 5 EL Frucht-Dicksaft / 250 g Tofu (möglichst kalt)

Ananas-Krone und Boden abschneiden, vierteln, Strunk herausschneiden, Fruchtfleisch aus der Schale schneiden, Schale kräftig ausdrücken und Saft (500 ml) auffangen, Rückstände aus
dem Fruchtfleisch herausschneiden. Fruchtfleisch in kleine Stücke schneiden und mit einem Mixer zu sehr feinem Mus pürieren. Fruchtmus durch ein Sieb streichen (Fasern). Fruchtsaft
zusammen mit dem Dicksaft gründlich mixen. Tofu klein schneiden, nach und nach zufügen und sehr gründlich durchmixen.
In die Eismaschine füllen und gefrieren lassen.

Tipp:
Da sich bei Ananas unter der Schale die meisten Aromastoffe
befinden, sollte man die Schale kräftig ausdrücken und den Saft
auffangen. Je nach Sorte muss man bei sauren Ananas etwas
mehr Dicksaft verwenden. Ananas-Sorbet aus frischer Ananas
ergibt ein sehr schaumiges, softeisähnliches Eis, das sehr viel
Luft enthält und leicht aus der Eismaschine quillt – daher nicht
zu viel in den Kühlbehälter einfüllen. Frische Ananas verträgt
sich gar nicht mit (Soja-)Milch – durch die in frischer Ananas
enthaltenen Eiweiß spaltenden Enzyme wird die Milch rasch
bitter! Daher wurde bei den Rezepten mit Sojamilch Trockenananas oder Konservenware (ohne Zuckerzusatz) benutzt, bei
denen die Enzyme durch Erhitzen ihre Wirkung zum Teil einbü-
ßen. Trockenananas ist in Bioläden und Reformhäusern erhältlich. Harte Trockenananas sollten vor dem Pürieren eingeweicht
werden (sonst sind sie zu hart für den Mixer), weiche Trockenananas können sofort püriert werden. Ein Teelöffel Vanille in der
Eis-Mischung verfeinert das Eis, intensiviert das Aroma und den
Geschmack. Der Saft einer halben Limette in der Eis-Mischung
gibt dem Eis Säure und Frische. Süße Trockenananas eignen
sich auch als Süßungsmittel anstelle von Frucht-Dicksaft.

Apfel

Die wichtigste Obstsorte in Europa zeichnet sich durch eine riesige Sorten-Vielfalt aus, was Aussehen, Geschmack (süß bis sauer) und Lagerfähigkeit betrifft; allerdings gelangt nur sehr wenig davon in den Handel. Äpfel sind sehr gesund. Sie bestehen zu 80 bis 85 % aus Wasser, im Rest sind leicht verwertbare Zuckersorten wie Frucht- und Traubenzucker, viele Vitamine (z. B. Provitamin A, Vitamin B_6, C), Mineralstoffe (Kalium, Kalzium, Phosphor), Spurenelemente, Enzyme und Säuren enthalten. 60 bis 80 % der Ballaststoffe sitzen in der Schale, allerdings auch der größte Teil der Pestizide. Je weiter der Lieferweg, desto größer ist auch die Wahrscheinlichkeit, dass Konservierungsstoffe benutzt wurden. Daher sollte man einheimische Äpfel bevorzugen. Gewachste Äpfel sollte man auf jeden Fall schälen. Ansonsten sollte man (um wenigstens die Schadstoffe in der Schale zu vermindern) die Äpfel nicht nur gründlich waschen, sondern auch kräftig mit einem trockenen Tuch abreiben. Äpfel sollten stets kühl gelagert werden.

Apfel-Granité
500 ml Apfelsaft / 2 EL Frucht-Dicksaft

Apfelsaft zusammen mit dem Dicksaft gründlich mixen. In die Eismaschine füllen und gefrieren lassen.

Apfel-Sorbet
750 g Äpfel /
2 – 3 EL Frucht-Dicksaft, Apfelsaft oder Mineralwasser

Äpfel gründlich waschen und abreiben, vierteln, Stiele und Kerngehäuse entfernen. Äpfel in kleine Stücke schneiden und mit einem Mixer zu sehr feinem Mus (600 ml) pürieren. Fruchtmus durch ein Sieb streichen. Fruchtmus mit dem Dicksaft gründlich mixen; bei zu dickflüssigem Fruchtmus ein wenig Apfelsaft oder Mineralwasser (sowie 1 Esslöffel Dicksaft) mit dem Mixer gründlich unter das Mus pürieren. In die Eismaschine füllen und gefrieren lassen.

Apfel-Milcheis
400 g Äpfel / 5 EL Frucht-Dicksaft /
500 ml Sojamilch (möglichst kalt)

Äpfel gründlich waschen und abreiben, vierteln, Stiele und Kerngehäuse entfernen. Äpfel in kleine Stücke schneiden und mit einem Mixer zu sehr feinem Mus (300 ml) pürieren. Fruchtmus durch ein Sieb streichen; Fruchtmus mit dem Dicksaft gründlich mixen. Sojamilch nach und nach zufügen und gründlich durchmixen. In die Eismaschine füllen und gefrieren lassen.

Tipp:
Äpfel – vor allem solche mit weniger intensivem Eigengeschmack – eignen sich sehr gut zum Aromatisieren mit verschiedenen Gewürzen, z. B. Vanille oder Zimt. Ein Teelöffel Vanille in der Eis-Mischung verfeinert das Eis, intensiviert das Aroma und den Geschmack. Der Saft einer halben Limette in der Eis-Mischung gibt dem Eis ein wenig Säure und Frische. Apfel-Dicksaft passt als Süßungsmittel natürlich am besten zum Apfeleis. Andere Süßungsmittel können aber auch interessante Ergebnisse bringen.

Aprikose

*Die kleinen, orange-gelben feinsäuerlichen Früchte mit
samtig behaarter Haut enthalten viel Provitamin A und
Vitamin C, Kalzium, Phosphor und Eisen. Getrocknet
sind sehr harte, saure, wild gewachsene und
weiche, süße Aprikosen aus Kulturanbau erhältlich. Durch Kochen werden Aprikosen sehr sauer.*

Aprikosen-Sorbet
*800 g Aprikosen (geschält und entkernt) /
4 EL Frucht-Dicksaft*

Aprikosen waschen und abtrocknen, Haut abziehen, Stiele und
Kerne entfernen. Fruchtstücke zusammen mit dem Dicksaft mit
einem Mixer zu sehr feinem Mus (600 ml) pürieren. In die Eismaschine füllen und gefrieren lassen.

Aprikosen-Milcheis
*250 g Aprikosen (geschält und entkernt) /
5 EL Frucht-Dicksaft /
500 ml Sojamilch*

Aprikosen waschen und abtrocknen, Haut abziehen, Stiele und
Kerne entfernen. Fruchtstücke zusammen mit dem Dicksaft mit
einem Mixer zu sehr feinem Mus (200 ml) pürieren. Sojamilch
nach und nach zufügen und gründlich durchmixen. In die Eismaschine füllen und gefrieren lassen.

Trockenaprikosen-Milcheis

*100 g Trockenaprikosen / 500 ml Sojamilch /
eventuell 3 EL Frucht-Dicksaft*

Trockenaprikosen (vor allem die wild gewachsenen) einige Stunden in etwas Sojamilch einweichen; eventuell vorhandene Kerne entfernen. Die eingeweichten Trockenaprikosen mit wenig Sojamilch mit einem Mixer sehr lange und gründlich zu sehr feinem Mus pürieren. Restliche Sojamilch nach und nach zufügen und gründlich durchmixen. Eventuell Dicksaft nach und nach zufügen und gründlich durchmixen. In die Eismaschine füllen und gefrieren lassen.

Tipp:
Aprikosen und Sojamilch harmonieren sehr gut miteinander. Der Saft einer halben Limette in der Eis-Mischung gibt dem Eis ein wenig Säure und Frische. Wild gewachsene Trockenaprikosen müssen unbedingt vor dem Pürieren eingeweicht werden (sonst sind sie zu hart); Trockenaprikosen aus Kulturanbau können gleich püriert werden, da sie wesentlich weicher sind. Letztere benötigen auch keine Dicksaft-Zugabe in der Eis-Mischung, da sie schon süß genug sind. Trockenaprikosen, sowohl wild gewachsene als auch solche aus Kulturanbau, sind in Bioläden und Reformhäusern erhältlich. Die süßen Trockenaprikosen aus Kulturanbau eignen sich auch als Alternativ-Süßungsmittel anstelle von Frucht-Dicksaft.

Avocado

Avocados sind birnenförmige, grüne Früchte mit einer glänzenden, ledrigen, glatten oder genarbten Schale. Im Inneren des gelb-grünen Fruchtfleisches befindet sich ein walnussgroßer brauner Kern. Avocados enthalten Provitamin A, Vitamin B_1, B_2, E und viele Mineralstoffe, aber kaum Zucker und Fruchtsäure. Der sehr hohe Fettgehalt (bis 30 %), macht sie sehr kalorienhaltig; allerdings ist das Fett reich an mehrfach ungesättigten Fettsäuren. Man kann Avocados nur roh verwenden, da sie gekocht bitter werden. Reif sind sie, wenn die Schale auf Fingerdruck nachgibt; dann erst hat sich ihr leicht nussartiger, neutraler Geschmack voll entwickelt. Unreife Früchte lässt man bei Zimmertemperatur ein paar Tage nachreifen. Im Gemüsefach des Kühlschranks halten sie sich etwas länger. Avocados sind sehr druckempfindlich; schwarze Flecke deuten auf Druckstellen und Überreife hin. Das Fruchtfleisch reagiert sehr schnell mit Verfärbungen, wenn es mit Luft, Metall und Salz in Berührung kommt. Als Gegenmaßnahme empfiehlt sich das sofortige Beträufeln mit Zitronen- oder Limettensaft. Zudem entfalten Avocados erst gut gewürzt oder gesüßt ein köstliches Aroma.

Avocado-Milcheis

1 Avocado / eventuell Zitronen- oder Limettensaft /
5 EL Frucht-Dicksaft / 500 ml Sojamilch (möglichst kalt)

Avocado waschen und abtrocknen, der Länge nach bis auf den Kern aufschneiden, beide Hälften gegeneinander drehen und trennen, Kern mit einem Löffel herauslösen, Fruchtfleisch auslöffeln (und eventuell sofort mit etwas Zitronen- oder Limettensaft beträufeln). Fruchtfleisch zusammen mit dem Dicksaft mit einem Mixer zu feinem Mus pürieren. Sojamilch nach und nach zufügen und gründlich durchmixen. In die Eismaschine füllen und gefrieren lassen.

Tipp:
Da Avocados sehr fetthaltig sind, wäre eigentlich eine wesentlich geringere Menge an Süßungsmittel ausreichend, um cremiges Eis herzustellen, aber erst durch das Süßen entfaltet die Avocado ihr Aroma und ihren Geschmack. Ein Teelöffel Vanille in der Eis-Mischung verfeinert das Eis, intensiviert das Aroma und den Geschmack. Der Saft einer halben Limette in der Eis-Mischung gibt dem Eis ein wenig Säure und Frische. Aber nicht zu viel Saft verwenden, da sonst der Geschmack der Avocado überdeckt wird. Avocados, die eher neutral schmecken und keinen ausgeprägten intensiven Eigengeschmack haben, eignen sich sehr gut zum Aromatisieren mit verschiedenen Gewürzen, z. B. mit Vanille.

Banane

Das meistverzehrte Obst der Welt zählt zu den kohlenhydratreichsten Früchten, ist damit sehr nahrhaft und leicht verdaulich. Bananen enthalten viel Provitamin A, Vitamine der B-Gruppe, Vitamin C, Mineralstoffe und Spurenelemente (vor allem Kalium, Magnesium und Fluor), dagegen wenig Eiweiß und Fett. Während der Nachreife wird die Stärke der grünen Früchte in Zucker umgewandelt, und die Aromastoffe entwickeln sich. Essreif sind sie goldgelb. Wenn sie kleine braune Flecken aufweisen, sind sie überreif und haben einen besonders hohen Zuckergehalt. Will man Bananen längere Zeit aufbewahren, sollte man sie kühl, aber nicht unter 12 °C (also nicht im Kühlschrank) und gleichzeitig locker, möglichst hängend lagern, da sie sehr druckempfindlich sind.

Bananen-Sorbet
2 – 3 Bananen / 2 EL Frucht-Dicksaft / 200 ml Mineralwasser

Bananen schälen. Fruchtfleisch in kleine Stücke schneiden und zusammen mit dem Dicksaft mit einem Mixer zu sehr feinem Mus (600 ml) pürieren. Mineralwasser nach und nach zufügen und gründlich durchmixen. In die Eismaschine füllen und gefrieren lassen.

Bananen-Milcheis

1 – 2 Bananen / 4 EL Frucht-Dicksaft /
500 ml Sojamilch (möglichst kalt)

Bananen schälen. Fruchtfleisch in kleine Stücke schneiden und zusammen mit dem Dicksaft mit einem Mixer zu sehr feinem Mus (300 ml) pürieren. Sojamilch nach und nach zufügen und gründlich durchmixen. In die Eismaschine füllen und gefrieren lassen.

Tipp:

Frische Bananen gehören zu den wenigen Früchte, die das ganze Jahr über erhältlich sind. Überreife Bananen werden oft im Sonderangebot angeboten; sie eignen sich hervorragend zur Speiseeis-Herstellung, weil sie sehr süß und weich sind. Das eigentliche Bananenmus wäre im Prinzip süß genug, da es aber so dickflüssig ist, gefriert es nicht richtig – daher die Zugabe von Mineralwasser und Dicksaft. Stattdessen kann man auch Läuterzucker herstellen und benutzen (S. 125). Bananen und Sojamilch harmonieren sehr gut miteinander. Ein Teelöffel Vanille in der Eis-Mischung verfeinert das Eis, intensiviert das Aroma und den Geschmack.

Birne

Ähnlich wie Äpfel weisen auch Birnen eine sehr große Sorten-Vielfalt auf. Sie enthalten Provitamin A und Vitamin C, sowie Mineralstoffe wie Kalium und Magnesium, aber wenig Fruchtsäure. Birnen schmecken am besten und süßesten, wenn sie sehr reif sind. Wegen ihrer begrenzten Lagerfähigkeit sollte man sie rasch verwerten.

Birnen-Granité
500 ml Birnensaft / 2 EL Frucht-Dicksaft

Birnensaft zusammen mit dem Dicksaft gründlich mixen. In die Eismaschine füllen und gefrieren lassen.

Birnen-Sorbet
600 g Birnen / 2 EL Frucht-Dicksaft

Birnen gründlich waschen und abreiben, vierteln, Stiele und Kerngehäuse entfernen. Fruchtfleisch in kleine Stücke schneiden und mit einem Mixer zu sehr feinem Mus pürieren. Fruchtmus durch ein Sieb streichen. Fruchtmus zusammen mit dem Dicksaft gründlich mixen. In die Eismaschine füllen und gefrieren lassen.

Birnen-Milcheis

250 g Birnen / 3 EL Frucht-Dicksaft /
500 ml Sojamilch (möglichst kalt)

Birnen gründlich waschen und abreiben, vierteln, Stiele und Kerngehäuse entfernen. Fruchtfleisch in kleine Stücke schneiden und mit einem Mixer zu sehr feinem Mus pürieren. Fruchtmus durch ein Sieb streichen. Fruchtmus zusammen mit dem Dicksaft gründlich mixen. Sojamilch nach und nach zufügen und gründlich durchmixen. In die Eismaschine füllen und gefrieren lassen.

Tipp:
Birnensaft ist in Bioläden und Reformhäusern erhältlich. Birnen – vor allem solche ohne intensiven Eigengeschmack – eignen sich sehr gut zum Aromatisieren mit verschiedenen Gewürzen, z. B. Vanille oder Zimt. Ein Teelöffel Vanille in der Eis-Mischung verfeinert das Eis, intensiviert das Aroma und den Geschmack. Birnen-Dicksaft passt als Süßungsmittel natürlich am besten zum Birneneis. Andere Süßungsmittel können aber auch interessante Ergebnisse bringen.

Brombeere

Die kernigen Brombeeren sind bei Reife dunkelviolett bis schwarz und süß. Wenn sie noch rote Stellen aufweisen, sind sie noch nicht ganz reif und sehr sauer. Die beste Zeit zum Pflücken ist frühmorgens. Sie enthalten relativ viel Provitamin A, Vitamin E, Kalzium und Magnesium.

Brombeer-Sorbet I

700 g Brombeeren / 5 EL Frucht-Dicksaft

Brombeeren waschen und abtrocknen, Stiele entfer- mit einem Mixer zu Mus (500 ml) pürieren. Frucht- mus durch ein Sieb streichen (Kerne, Schalen). Fruchtsaft zusammen mit dem Dicksaft gründlich mi- xen. In die Eismaschine füllen und gefrieren lassen.

Brombeer-Sorbet II

700 g Brombeeren / 5 EL Frucht-Dicksaft / 500 ml Traubensaft

Brombeeren waschen und abtrocknen, Stiele entfernen und mit einem Mixer zu Mus (500 ml) pürieren. Fruchtmus durch ein Sieb streichen (Kerne, Schalen). Fruchtsaft zusammen mit dem Dicksaft gründlich mixen. Traubensaft nach und nach zufügen und gründlich durchmixen. In die Eismaschine füllen und gefrieren lassen.

Brombeer-Milcheis

300 g Brombeeren / 5 EL Frucht-Dicksaft /
500 ml Sojamilch (möglichst kalt)

Brombeeren waschen und abtrocknen, Stiele entfernen und mit einem Mixer zu Mus (200 ml) pürieren. Fruchtmus durch ein Sieb streichen (Kerne, Schalen). Fruchtsaft zusammen mit dem Dicksaft gründlich mixen. Sojamilch nach und nach zufügen und gründlich durchmixen. In die Eismaschine füllen und gefrieren lassen.

Brombeer-Tofu-Eis

700 g Brombeeren / 5 EL Frucht-Dicksaft /
500 g Tofu (möglichst kalt)

Brombeeren waschen und abtrocknen, Stiele entfernen und mit einem Mixer zu Mus (500 ml) pürieren. Fruchtmus durch ein Sieb streichen (Kerne, Schalen). Fruchtsaft zusammen mit dem Dicksaft gründlich mixen. Tofu klein schneiden, nach und nach zufügen und sehr gründlich durchmixen. In die Eismaschine füllen und gefrieren lassen.

Tipp:
Tiefgefrorene Brombeeren sind das ganze Jahr über erhältlich. Brombeeren und Sojamilch harmonieren sehr gut miteinander.

Dattel

Die glänzend braunen, etwa pflaumengroßen Früchte sind reich an Vitaminen (Provitamin A, B-Vitamine, Folsäure) und Mineralstoffen (Kalium, Kalzium, Eisen, Magnesium). Sie enthalten hochwertigen Fruchtzucker (75 %) und Eiweiß. In ihrer Zusammensetzung sind Datteln dem Honig ähnlich. Frische Datteln sollten bald verzehrt werden, da sie sich nicht sehr lange halten. Man kann sie nur kurzfristig im Kühlschrank lagern und sollte sie aber gut verpacken, da sie das Aroma anderer Nahrungsmittel annehmen.

Dattel-Milcheis
300 g Datteln /
500 ml Sojamilch (möglichst kalt)

Datteln waschen und abtrocknen, Haut abziehen, mit einem Messer längs aufschneiden und Kern entfernen. Fruchtfleisch mit wenig Sojamilch mit einem Mixer zu sehr feinem Mus (200 ml) pürieren. Die restliche Sojamilch nach und nach zufügen und gründlich durchmixen. In die Eismaschine füllen und gefrieren lassen.

Trockendattel-Milcheis
150 g Trockendatteln / 500 ml Sojamilch (möglichst kalt)

Trockendatteln längs aufschneiden und Kern entfernen. Trockendatteln mit wenig Sojamilch mit einem Mixer sehr lange und gründlich zu sehr feinem Mus pürieren. Die restliche Sojamilch nach und nach zufügen und gründlich durchmixen. In die Eismaschine füllen und gefrieren lassen.

Tipp:
Datteln besitzen einen so hohen Zuckergehalt, dass man kein zusätzliches Süßungsmittel benötigt. Datteln und Sojamilch harmonieren sehr gut miteinander.

Erdbeere

Erdbeeren unterscheiden sich je nach Sorte sehr stark hinsichtlich Form, Farbe und Geschmack. Bei Reife sind sie tiefrot. Sie besitzen einen hohen Vitamin-C-Gehalt, aber auch Provitamin A, Vitamin B_1, B_2 und Eisen. Außerdem regen sie die Verdauung an. Erdbeeren gehören aber auch zu den häufigsten Allergieauslösern.

Erdbeer-Sorbet
500 g Erdbeeren / 2 EL Frucht-Dicksaft

Erdbeeren gründlich waschen und putzen, Stiele entfernen. Früchte zusammen mit dem Dicksaft mit einem Mixer zu sehr feinem Mus pürieren. In die Eismaschine füllen und gefrieren lassen.

Erdbeer-Milcheis
250 g Erdbeeren / 5 EL Frucht-Dicksaft / 500 ml Sojamilch (möglichst kalt)

Erdbeeren gründlich waschen und putzen, Stiele entfernen. Früchte zusammen mit dem Dicksaft mit einem Mixer zu sehr feinem Mus pürieren. Sojamilch nach und nach zufügen und gründlich durchmixen. In die Eismaschine füllen und gefrieren lassen.

Tipp:
Tiefgefrorene Erdbeeren sind das ganze Jahr über erhältlich; in Reformhäusern gibt es auch Dunst-Erdbeeren in Gläsern. Erdbeeren und Sojamilch harmonieren sehr gut miteinander. Ein Teelöffel Vanille in der Eis-Mischung verfeinert das Eis, intensiviert das Aroma und den Geschmack.

Feige

Feigen sind kleine, birnenförmige Früchte mit grüngelber bis violetter Haut und einem kurzen, harten Stiel. Bei Reife ist das Fruchtfleisch rötlich, süß, saftig, sehr weich und enthält viele kleine essbare Kerne. Die Schale von frischen Feigen sollte man nicht mitessen, da sie hart und unverdaulich ist. Feigen enthalten relativ viele Vitamine (Provitamin A, Vitamine der B-Gruppe), Mineralstoffe (Kalium, Magnesium), Traubenzucker. Sie fördern die Verdauung. Feigen verderben rasch, man sollte sie daher bald verbrauchen und kühl lagern. Je dunkler und weicher die Früchte sind, desto reifer sind sie. Eine stark violette Farbe deutet auf Überreife und Aromaverlust hin. Früchte mit fleckiger Schale sollte man nicht mehr verwenden. Wegen ihrer kurzen Haltbarkeit sind Feigen als Frischfrüchte kaum im Handel (und wenn dann meist sehr teuer). Getrocknet aber sind sie das ganze Jahr über erhältlich. Große Früchte mit feiner Haut und weichem, wohl schmeckendem Fleisch zeugen von guter Qualität. Der weiße Belag auf Trockenfeigen ist ausgeschiedener Traubenzucker. Allerdings werden Feigen nach der Ernte oft begast, selbst »Natural-Feigen«; daher sollte man sich erkundigen, ob sie tatsächlich aus kontrolliertem Anbau stammen.

Feigen-Sorbet

5 kleine Feigen / 3 EL Frucht-Dicksaft / 250 ml Apfelsaft

Feigen (immer) am Stiel anfassen, waschen und abtrocknen, Stiel abschneiden, Haut abziehen. Fruchtfleisch zusammen mit dem Dicksaft mit einem Mixer zu feinem Mus (250 ml) pürieren. Apfelsaft nach und nach zufügen und gründlich durchmixen. In die Eismaschine füllen und gefrieren lassen.

Feigen-Milcheis

2 große Feigen / 4 EL Frucht-Dicksaft /
500 ml Sojamilch (möglichst kalt)

Feigen am Stiel anfassen, waschen und abtrocknen, Stiel abschneiden, Haut abziehen. Fruchtfleisch zusammen mit dem
Dicksaft mit einem Mixer zu feinem Mus pürieren. Sojamilch
nach und nach zufügen und gründlich durchmixen. In die Eismaschine füllen und gefrieren lassen.

Trockenfeigen-Milcheis

100 – 150 g Trockenfeigen / 500 ml Sojamilch (möglichst kalt)

Stiele abschneiden und entfernen, Feigen in kleine Stücke schneiden. Trockenfeigen-Stückchen mit wenig Sojamilch mit einem
Mixer sehr lange und gründlich zu sehr feinem Mus pürieren.
Die restliche Sojamilch nach und nach zufügen und gründlich
durchmixen. In die Eismaschine füllen und gefrieren lassen.

Tipp:
100 g Trockenfeigen reichen völlig aus; bei 150 g Trockenfeigen
sind Aroma, Geschmack und Süße aber wesentlich größer. Feigen und Sojamilch harmonieren sehr gut miteinander. Ein Teelöffel Vanille in der Eis-Mischung verfeinert das Eis, intensiviert
das Aroma und den Geschmack. Der Saft einer halben Limette
in der Eis-Mischung gibt dem Eis ein wenig Säure und Frische.
Die süßen Trockenfeigen eignen sich auch als Alternativ-Süßungsmittel anstelle von Frucht-Dicksaft. Trockenfeigen sind in
Bioläden und Reformhäusern erhältlich.

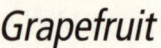

Grapefruit

Die gelben bis rötlichfarbenen Zitrusfrüchte haben einen hohen Vitamin-C-Gehalt. Sie sind sehr saftig und schmecken bitterherb-säuerlich, wobei die rötliche Sorte etwas milder ist als die helle. Grapefruits sollten fest sein, aber auf Druck nachgeben. Wenn sie noch grünlich sind, muss man sie nachreifen lassen.

Grapefruit-Granité
2 – 3 Grapefruits / 5 EL Frucht-Dicksaft

Grapefruits waschen und abtrocknen, durchschneiden, auspressen. Fruchtsaft durch Sieb streichen (Kerne, Fasern). Grapefruitsaft (500 ml) zusammen mit dem Dicksaft gründlich durchmixen. In die Eismaschine füllen und gefrieren lassen.

Heidelbeere / Blaubeere

Heidelbeeren, auch Blaubeeren genannt, sind kleine Früchte mit dunkelblauer Schale. Sie besitzen ein zartes Aroma mit feiner Säure und sind frisch nicht sehr lange lager- und transportfähig. Sie weisen einen hohen Gehalt an Vitamin C, Kalzium, Phosphor und Eisen auf.

Heidelbeer-Milcheis

300 g Heidelbeeren / 5 EL Frucht-Dicksaft / 500 ml Sojamilch (möglichst kalt)

Heidelbeeren gründlich waschen und abtrocknen, Stiele entfernen. Früchte mit einem Mixer zu Mus pürieren. Fruchtmus durch ein feines Sieb streichen (Kerne, Schale). Fruchtsaft zusammen mit dem Dicksaft gründlich mixen. Sojamilch nach und nach zufügen und gut durchmixen. In die Eismaschine füllen und gefrieren lassen.

Tipp:
Tiefgefrorene Heidelbeeren sind das ganze Jahr über erhältlich; in Reformhäusern gibt es auch Dunst-Heidelbeeren in Gläsern. Heidelbeeren und Sojamilch harmonieren sehr gut miteinander. Der Saft einer halben Limette in der Eis-Mischung gibt dem Eis ein wenig Säure und Frische.

Himbeere

Die rosaroten Himbeeren besitzen ein ausgeprägtes süßes Aroma und duften bei Reife sehr stark. Ihr zartes Fruchtfleisch mit vielen kleinen Kernen enthält viel Vitamin C und Vitamine der B-Gruppe, viel Eisen, Kalium, Kalzium, Magnesium, ist leicht verdaulich und verdauungsfördernd. Himbeeren verderben sehr rasch.

Himbeer-Sorbet
600 g Himbeeren / 3 EL Frucht-Dicksaft

Himbeeren sehr vorsichtig waschen (sie sind sehr zart) und abtupfen, Stiele entfernen. Früchte mit einem Mixer zu feinem Mus pürieren. Fruchtmus durch ein Sieb streichen (Kerne). Fruchtsaft zusammen mit dem Dicksaft gründlich mixen. In die Eismaschine füllen und gefrieren lassen.

Himbeer-Milcheis
*250 g Himbeeren / 5 EL Frucht-Dicksaft /
500 ml Sojamilch (möglichst kalt)*

Himbeeren sehr vorsichtig waschen (sie sind sehr zart) und abtupfen, Stiele entfernen. Früchte mit einem Mixer zu feinem Mus pürieren. Fruchtmus durch ein Sieb streichen (Kerne). Fruchtsaft zusammen mit dem Dicksaft gründlich mixen. Sojamilch nach und nach zufügen und gründlich durchmixen. In die Eismaschine füllen und gefrieren lassen.

Tipp:
Himbeeren und Sojamilch harmonieren sehr gut miteinander. Himbeeren eignen sich gut zum Kombinieren mit anderen Früchten/Beeren. Man sollte aber den Himbeer-Anteil etwas kleiner festlegen, da sie ein sehr ausgeprägtes Aroma besitzen und daher leicht herausschmecken.

Johannisbrot

Johannisbrot gehört zu den Hülsenfrüchten. Es sind etwa 20 cm lange und 2 cm breite, lederartige, platte, braune Schoten. In den Schoten befinden sich mehrere harte, bohnenartige Kerne, die von süßem Fruchtmark umhüllt sind. Jeder Kern (Karat) wiegt etwa 0,18 g (früher wurde der getrocknete Samen des Johannisbrotbaumes zum Wiegen von Gold und Edelsteinen benutzt). Man wäscht die Schoten und kaut sie in rohem Zustand – aber ohne Kerne! Die Haltbarkeit und Lagerfähigkeit ist gut. Johannisbrot wirkt abführend. Achtung! Da Johannisbrot zu den Hülsenfrüchten gehört, sollte man das Fruchtmark erhitzen, um die enthaltenen giftigen Blähstoffe zu beseitigen.

Johannisbrot-Milcheis

100 g Johannisbrot / 500 ml Sojamilch (möglichst kalt) / 2 EL Frucht-Dicksaft

Johannisbrot-Schoten gründlich waschen und abtrocknen, längs aufschneiden und die Kerne entfernen. Die Schoten in kleine Stücke brechen und in einer Nussmühle oder Kaffeemühle sehr fein mahlen. Gemahlenes Fruchtmark in der Sojamilch ein bis zwei Stunden ziehen lassen und durch ein feines Sieb streichen. Anschließend zusammen mit dem Dicksaft mit einem Mixer gründlich pürieren. In die Eismaschine füllen und gefrieren lassen.

Tipp:
Aus Johannisbrot wird Carob hergestellt. Wer Johannisbroteis mag, sollte auch einmal das Rezept mit Carob (S. 103) versuchen.

Johannisbeere

Es gibt mehrere Sorten dieser sehr säurereichen kleinen Beeren, die sich in Farbe und Geschmack erheblich unterscheiden. Am bekanntesten und verbreitetsten sind die roten und die schwarzen Johannisbeeren, wobei die schwarze Variante noch weniger halt- bar ist als die rote. Rote Johannisbeeren sind sauer und besitzen einen hohen Vitamin-C- und Mineralstoff-Gehalt. Schwarze Johannisbeeren (Cassis) haben ein starkes bitter-herbes Aroma. Sie enthalten viel Vitamin C, Vitamine der B-Gruppe und Mineralstoffe.

Rote-Johannisbeeren-Sorbet I
400 g rote Johannisbeeren / 6 EL Frucht-Dicksaft / 400 ml Mineralwasser (ohne Kohlensäure)

Rote Johannisbeeren waschen und abtrocknen, Stiele entfernen. Früchte mit einem Mixer zu Mus (250 ml) pürieren. Fruchtmus durch ein feines Sieb streichen (Kerne, Schale). Fruchtsaft zusammen mit dem Dicksaft gründlich mixen. Mineralwasser nach und nach zufügen und gründlich durchmixen. In die Eismaschine füllen und gefrieren lassen.

Rote-Johannisbeeren-Sorbet II
400 g rote Johannisbeeren / 6 EL Frucht-Dicksaft / 500 ml Apfelsaft

Rote Johannisbeeren waschen und abtrocknen, Stiele entfernen. Früchte mit einem Mixer zu Mus (250 ml) pürieren. Fruchtmus durch ein feines Sieb streichen (Kerne, Schale). Fruchtsaft zusammen mit dem Dicksaft gründlich mixen. Apfelsaft nach und nach zufügen und gründlich durchmixen. In die Eismaschine füllen und gefrieren lassen.

Rote-Johannisbeeren-Milcheis

400 g rote Johannisbeeren / 6 EL Frucht-Dicksaft /
500 ml Sojamilch (möglichst kalt)

Rote Johannisbeeren waschen und abtrocknen, Stiele entfernen. Früchte mit einem Mixer zu Mus (250 ml) pürieren. Fruchtmus durch ein feines Sieb streichen (Kerne, Schale). Fruchtsaft zusammen mit dem Dicksaft gründlich mixen. Sojamilch nach und nach zufügen und gründlich durchmixen. In die Eismaschine füllen und gefrieren lassen.

Schwarze-Johannisbeeren-Sorbet (Cassis)

250 g schwarze Johannisbeeren / 3 EL Frucht-Dicksaft /
500 ml Apfelsaft

Schwarze Johannisbeeren waschen und abtrocknen, Stiele entfernen. Früchte mit einem Mixer zu Mus (150 ml) pürieren. Fruchtmus durch ein feines Sieb streichen (Kerne, Schale). Fruchtsaft zusammen mit dem Dicksaft gründlich mixen. Apfelsaft nach und nach zufügen und gründlich durchmixen. In die Eismaschine füllen und gefrieren lassen.

Schwarze-Johannisbeeren-Milcheis (Cassis)

250 g schwarze Johannisbeeren / 5 EL Frucht-Dicksaft /
500 ml Sojamilch (möglichst kalt)

Schwarze Johannisbeeren waschen und abtrocknen, Stiele entfernen. Früchte mit einem Mixer zu Mus (150 ml) pürieren. Fruchtmus durch ein feines Sieb streichen (Kerne, Schale). Fruchtsaft zusammen mit dem Dicksaft gründlich mixen. Sojamilch nach und nach zufügen und gründlich durchmixen. In die Eismaschine füllen und gefrieren lassen.

Jostabeere

Die großen schwarzen Beeren sind eine neuere Kreuzung zwischen schwarzen Johannisbeeren und Stachelbeeren. Sie liefern viel Vitamin C.

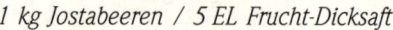

Josta-Sorbet

1 kg Jostabeeren / 5 EL Frucht-Dicksaft

Jostabeeren waschen und abtrocknen, Stiele entfernen. Früchte mit einem Mixer zu Mus (500 ml) pürieren. Fruchtmus durch ein feines Sieb streichen (Kerne, Schale). Fruchtsaft zusammen mit dem Dicksaft gründlich mixen. In die Eismaschine füllen und gefrieren lassen.

Josta-Milcheis

300 g Jostabeeren / 5 EL Frucht-Dicksaft /
500 ml Sojamilch (möglichst kalt)

Jostabeeren waschen und abtrocknen, Stiele entfernen. Früchte mit einem Mixer zu Mus (150 ml) pürieren. Fruchtmus durch ein feines Sieb streichen (Kerne, Schale). Fruchtsaft zusammen mit dem Dicksaft gründlich mixen. Sojamilch nach und nach zufügen und gründlich durchmixen. In die Eismaschine füllen und gefrieren lassen.

Tipp:
Jostabeeren und Sojamilch harmonieren sehr gut miteinander. Ein Teelöffel Vanille in der Eis-Mischung verfeinert das Eis, intensiviert das Aroma und den Geschmack.

Kirsche

Kirschen, die es in allen Rotschattierungen gibt, werden in zwei Hauptgruppen unterschieden: Süß- und Sauerkirschen. Während Sauerkirschen hauptsächlich zum Konservieren benutzt werden, verzehrt man Süßkirschen meist frisch. Kirschen enthalten Vitamine und Mineralstoffe, z. B. Phosphor und Kalium.

Kirsch-Sorbet

600 g Kirschen / 5 EL Frucht-Dicksaft

Kirschen gründlich waschen und abtrocknen, Stiele und Kerne entfernen. Früchte mit einem Mixer zu sehr feinem Mus pürieren. Fruchtmus durch ein Sieb streichen. Fruchtsaft (500 ml) zusammen mit dem Dicksaft gründlich durchmixen. In die Eismaschine füllen und gefrieren lassen.

Kirsch-Milcheis

250 g Kirschen / 5 EL Frucht-Dicksaft /
500 ml Sojamilch (möglichst kalt)

Kirschen gründlich waschen und abtrocknen, Stiele und Kerne entfernen. Früchte mit einem Mixer zu sehr feinem Mus pürieren. Fruchtmus durch ein Sieb streichen. Fruchtsaft (200 ml) zusammen mit dem Dicksaft gründlich mixen. Sojamilch nach und nach zufügen und gründlich durchmixen. In die Eismaschine füllen und gefrieren lassen.

Tipp:
Ein Teelöffel Vanille in der Eis-Mischung verfeinert das Eis, intensiviert das Aroma und den Geschmack. Der Saft einer halben Limette in der Eis-Mischung gibt dem Eis ein wenig Säure und Frische.

Kiwi

*Die eigroßen, länglich-ovalen Früchte mit behaarter
brauner Schale haben grünes süß-saures Fruchtfleisch
mit vielen kleinen, schwarzen, essbaren Kernen. Kiwis haben einen sehr hohen Vitamin C-Gehalt.
Zudem enthalten sie Provitamin A, B-Vitamine, Kalzium, Kalium und Eiweiß spaltende Enzyme. Im Kühlschrank halten sie sich sehr lange, bei Zimmertemperatur
reifen sie nach. Sie geben dann auf leichten Druck nach,
und man kann sie entweder schälen oder durchschneiden
und auslöffeln. Die besten Sorten kommen aus Neuseeland; europäische
Früchte sind kleiner und weniger aromatisch.*

Kiwi-Sorbet I
600 g Kiwis / 3 EL Frucht-Dicksaft

Kiwis durchschneiden, Fruchtfleisch auslöffeln. Fruchtfleisch zusammen mit dem Dicksaft mit einem Mixer zu sehr feinem Mus
pürieren. In die Eismaschine füllen und gefrieren lassen.

Kiwi-Sorbet II
250 g Kiwis / 3 EL Frucht-Dicksaft / 250 ml Apfelsaft

Kiwis durchschneiden, Fruchtfleisch auslöffeln. Fruchtfleisch zusammen mit dem Dicksaft mit einem Mixer zu sehr feinem Mus
pürieren. Apfelsaft nach und nach zufügen und gründlich durchmixen. In die Eismaschine füllen und gefrieren lassen.

Kiwi-Sauerrahm-Eis

200 g Kiwis / 4 EL Frucht-Dicksaft /
400 ml Sojasauerrahm (möglichst kalt)
von etwa 500 ml Sojamilch

Kiwis durchschneiden, Fruchtfleisch auslöffeln. Fruchtfleisch zusammen mit dem Dicksaft mit einem Mixer zu sehr feinem Mus pürieren. Sojasauerrahm (S. 133) nach und nach zufügen und gründlich durchmixen. In die Eismaschine füllen und gefrieren lassen.

Kiwi-Tofu-Eis

500 g Kiwis / 6 EL Frucht-Dicksaft /
250 g Tofu (möglichst kalt)

Kiwis durchschneiden, Fruchtfleisch auslöffeln. Fruchtfleisch zusammen mit dem Dicksaft mit einem Mixer zu sehr feinem Mus pürieren. Tofu klein schneiden, nach und nach zufügen und gründlich durchmixen. In die Eismaschine füllen und gefrieren lassen.

Tipp:
Je nach Sorte muss man bei sauren Kiwis etwas mehr Dicksaft benutzen. Frische Kiwi verträgt sich gar nicht mit (Soja-)Milch, da diese durch die in frischer Kiwi enthaltenen Eiweiß spaltenden Enzyme rasch bitter wird! Daher wurde bei dem Rezepten Sojasauerrahm und Tofu benutzt, denen die Enzyme weniger anhaben können. Durch das Kochen von frischen Kiwis verlieren die Eiweiß spaltenden Enzyme teilweise ihre Wirkung, doch der Geschmack der Kiwis wird dadurch auch sehr beeinträchtigt. Der Saft einer halben Limette in der Eis-Mischung gibt dem Eis ein wenig Säure und Frische und intensiviert das Aroma und den Geschmack.

Limette

Limetten sind saftige, kleine Zitrusfrüchte mit einer grüngelben, glattglänzenden, dünnen Schale. Limetten enthalten mehr Saft, aber weniger Vitamin C als Zitronen, außerdem aromatische Öle und Mineralstoffe. Sie haben ein sehr ausgeprägtes feines herb-würziges Aroma und sind nicht sehr lange haltbar. Dünnschalige Limetten enthalten besonders viel Saft. Man kann sie an der glatten Außenhaut erkennen – großporige Limetten sind trocken. Die Schale muss glänzen, dann sind sie reif, auch wenn sie noch grün sind. Weiche Stellen lassen erkennen, dass das Obst zu faulen beginnt – deshalb sollte man nur feste Früchte kaufen. Limetten sollten kühl gelagert werden (Keller). Im Gemüsefach des Kühlschranks halten sie sich ein paar Tage, verlieren aber an Aroma. Man kann Limetten anstelle von Zitronen verwenden, vor allem wenn man einen etwas feineren, weniger strengen Geschmack bevorzugt.

Limetten-Milcheis

1 – 2 Limetten / 4 – 5 EL Frucht-Dicksaft /
500 ml Sojamilch (möglichst kalt)

Limetten waschen und abtrocknen, durchschneiden, auspressen. Fruchtsaft durch ein feines Sieb streichen (Fasern). Limettensaft zusammen mit dem Dicksaft mit einem Mixer gründlich durchmixen. Sojamilch nach und nach zufügen und sehr gründlich durchmixen. In die Eismaschine füllen und gefrieren lassen.

Tipp:
Frische Limetten sind das ganze Jahr über erhältlich. Wenn in der Limetten-Milcheis-Mischung der Saft einer Limette mit 4 EL Dicksaft verwendet werden, ergibt dies einen zarten, milden, nicht so intensiven Geschmack. Bei der Verwendung von zwei Limetten und gesteigerter Dicksaftmenge erhält man ein intensiv säuerliches Limetteneis. Beim Zufügen der Sojamilch zum Limettensaft muss man schnell und sehr gründlich die beiden Zutaten mixen, da sonst der Limettensaft die Sojamilch gerinnen lässt.

Der Saft einer halben Limette – bzw. der Zitronensaft – in anderen Eis-Mischungen gibt dem Eis ein wenig Säure und Frische. Andere Eissorten bekommen dadurch eine frische Note, säurearme Früchte (z. B. Bananen) bekommen etwas Säure. Der Saft verhindert, dass geschältes rohes Obst (z. B. Äpfel, Birnen, Avocados) braun wird; zudem intensiviert er den Geschmack mancher Früchte (z. B. Papaya, Maracuja).

Mandarine / Clementine

Mandarinen ähneln Orangen, sind aber wesentlich kleiner. Sie haben viele Kerne. Die Sorte Clementine ist fast kernlos, sehr süß und aromatisch.

Mandarinen-Milcheis

etwa 750 g Mandarinen / 5 EL Frucht-Dicksaft / 500 ml Sojamilch (möglichst kalt)

Mandarinen waschen und abtrocknen, Schale und Kerne entfernen. Fruchtfleisch mit einem Mixer zu sehr feinem Mus pürieren. Fruchtmus durch ein Sieb streichen (Fasern). Mandarinensaft (500 ml) zusammen mit dem Dicksaft gründlich mixen. Sojamilch nach und nach zufügen und gründlich durchmixen. In die Eismaschine füllen und gefrieren lassen.

Tipp:
Beim Zufügen der Sojamilch zum Mandarinensaft muss man schnell und sehr gründlich die beiden Zutaten vermixen, da sonst der Mandarinensaft die Sojamilch gerinnen lässt.

Mango

Mangos gibt es in zahlreichen Sorten, die sich nach Form (rund, spitz zulaufend), Größe (klein, groß), Farbe (gelb, grün, rot), Gewicht und Geschmack (sauer, süß) deutlich unterscheiden. Alle Sorten haben eine zähe, lederartige, druckempfindliche Schale und einen großen flachen Kern, mit dem das faserige Fruchtfleisch verwachsen ist. Mangos enthalten sehr viel Provitamin A, Vitamin C und Folsäure, Kalium, Magnesium und Fruchtzucker. Reif duften sie süßlich und geben auf Fingerdruck nach. Harte Früchte kann man bei Zimmertemperatur nachreifen lassen. Allerdings verderben sie rasch. Nicht unter 8 °C lagern. Der Saft verursacht schwer entfernbare Flecke.

Mango-Sorbet
3 große Mangos / 4 – 6 EL Frucht-Dicksaft

Mangos längs am Kern vorbei in drei Scheiben schneiden, das Fruchtfleisch der mittleren Scheibe mit einem Messer von Schale und Kern lösen. Aus den beiden anderen Mangoteilen das Fruchtfleisch herauslöffeln. Fruchtfleisch mit einem Mixer zu sehr feinem Mus pürieren. Fruchtmus durch ein Sieb streichen (Fasern). Fruchtsaft (600 ml) zusammen mit dem Dicksaft gründlich durchmixen. In die Eismaschine füllen und gefrieren lassen.

Mango-Milcheis
1 große Mango / 500 ml Sojamilch / 5 – 7 EL Frucht-Dicksaft

Mango längs am Kern vorbei in drei Scheiben schneiden, das Fruchtfleisch der mittleren Scheibe mit einem Messer von Schale und Kern lösen. Aus den beiden anderen Mangoteilen das Fruchtfleisch herauslöffeln. Fruchtfleisch zusammen mit wenig Sojamilch mit einem Mixer zu sehr feinem Mus pürieren. Fruchtmus durch ein Sieb streichen (Fasern). Fruchtsaft (200 ml) zusammen mit dem Dicksaft gründlich durchmixen. Die restliche Sojamilch nach und nach zufügen und gründlich durchmixen. In die Eismaschine füllen und gefrieren lassen.

Trockenmango-Milcheis
100 g Trockenmango / 500 ml Sojamilch

Trockenmango in kleine Stücke schneiden. Klein geschnittene Trockenfrüchte zusammen mit wenig Sojamilch mit einem Mixer sehr lange und gründlich zu sehr feinem Mus pürieren. Die restliche Sojamilch nach und nach zufügen und gründlich durchmixen. In die Eismaschine füllen und gefrieren lassen.

Tipp:
Mangos und Sojamilch harmonieren sehr gut miteinander. Je nach Sorte muss man bei sauren Mangos etwas mehr Dicksaft benutzen. Ein Teelöffel Vanille in der Eis-Mischung verfeinert das Eis, intensiviert das Aroma und den Geschmack. Der Saft einer halben Limette in der Eis-Mischung gibt dem Eis ein wenig Säure und Frische. Trockenmangos sind in Bioläden und Reformhäusern erhältlich.

Maracuja

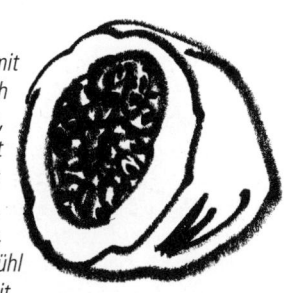

Maracujas sind kleine runde Passionsfrüchte mit einer harten violetten Schale. Darin befindet sich saftig-schleimiges Fruchtfleisch mit vielen harten, dunklen, essbaren Kernen. Der Geschmack ist sehr intensiv tropisch süß-säuerlich. Maracujas enthalten Vitamine der B-Gruppe, Vitamin C, Kalium und Eisen. Reif haben sie eine runzelige, eingedellte, eckig-kantige Schale und duften. Kühl halten sie sich sehr gut, verlieren aber Flüssigkeit.

Maracuja-Milcheis
*4 Maracujas / 500 ml Sojamilch (möglichst kalt) /
5 EL Frucht-Dicksaft /*

Maracujas waschen und abtrocknen, aufschneiden, Fruchtfleisch auslöffeln. Fruchtfleisch zusammen mit wenig Sojamilch mit einem Mixer gründlich pürieren. Fruchtmus durch ein feines Sieb streichen (Kernstückchen). Fruchtsaft zusammen mit dem Dicksaft mit einem Mixer gründlich pürieren. Die restliche Sojamilch nach und nach zufügen und gründlich durchmixen. In die Eismaschine füllen und gefrieren lassen.

Tipp:
Die Maracuja-Kernstückchen, die im Sieb verbleiben, kann man knabbern. Maracuja und Sojamilch harmonieren sehr gut miteinander. Der Saft einer halben Limette in der Eis-Mischung gibt dem Eis ein wenig Säure und Frische und steigert den Geschmack und das Aroma. Aber nicht zu viel nehmen, da sonst das Aroma der Früchte überlagert wird.

Melone

Melonen werden in zwei Hauptgruppen unterschieden: Wassermelonen sind sehr große, runde, dunkelgrüne Früchte mit rotem, von vielen schwarzen Samen durchsetztem Fruchtfleisch. Aufgrund des hohen Wassergehalts (94 %) und des geringen Zuckergehalts sind sie erfrischend und durststillend, aber nicht sehr aromatisch. Zuckermelonen sind wesentlich kleinere und süßere Früchte; zu dieser Kategorie gehören die Honigmelone (klein, gelb, oval mit weiß-grünem Fleisch), die Ogenmelone (rund-oval, gelblich-grün mit hellgrünen Streifen) und die Netzmelone (rund oder oval, orangefarben mit Netzmuster und orangefarbenem, sehr süßem Fruchtfleisch). Zuckermelonen enthalten Provitamin A, Vitamin C und Mineralstoffe. Sie können einige Tage im Kühlschrank aufbewahrt werden. Bei Zimmertemperatur kann man sie so lange nachreifen lassen, bis sie anfangen zu duften und an den Enden auf Druck nachgeben.

Wassermelonen-Granité
1 große Wassermelone / 3 EL Frucht-Dicksaft

Wassermelone durchschneiden, das Fruchtfleisch auslöffeln und durch ein Sieb streichen (Kerne). Wassermelonensaft (600 ml) zusammen mit dem Dicksaft mit einem Mixer gründlich durchmixen. In die Eismaschine füllen und gefrieren lassen.

Zuckermelonen-Sorbet
etwa 3 Zuckermelonen / 3 EL Frucht-Dicksaft

Zuckermelonen durchschneiden, Kerne entfernen, Fruchtfleisch auslöffeln. Fruchtfleisch zusammen mit dem Dicksaft mit einem Mixer gründlich und sehr fein pürieren (600 ml Mus). In die Eismaschine füllen und gefrieren lassen.

Mirabelle

Mirabellen sind kleine, runde, orange-gelbe, saftige Früchte. Bei Reife sind sie süß, denn dann enthalten sie viel Traubenzucker. Zudem besitzen sie viel Provitamin A und Mineralstoffe wie Kalium und Magnesium.

Mirabellen-Sorbet
1 kg Mirabellen / 4 EL Frucht-Dicksaft

Mirabellen gründlich waschen und abtrocknen, Stiele und Kerne entfernen. Früchte mit einem Mixer zu feinem Mus (600 ml) pürieren. Fruchtmus durch ein Sieb streichen (Schale). Fruchtsaft zusammen mit dem Dicksaft gründlich durchmixen. In die Eismaschine füllen und gefrieren lassen.

Mirabellen-Milcheis
250 g Mirabellen / 5 EL Frucht-Dicksaft / 500 ml Sojamilch

Mirabellen gründlich waschen und abtrocknen, Stiele und Kerne entfernen. Früchte mit einem Mixer zu feinem Mus (150 ml) pürieren. Fruchtmus durch ein Sieb streichen (Schale). Fruchtsaft zusammen mit dem Dicksaft gründlich durchmixen. Sojamilch nach und nach zufügen und gründlich durchmixen. In die Eismaschine füllen und gefrieren lassen.

Tipp:
Dunst-Mirabellen in Gläsern sind in Reformhäusern erhältlich.

Nektarine

Im Gegensatz zu Pfirsichen haben Nektarinen eine glatte und unbehaarte Haut und ein goldgelbes festes Fleisch. Sie sind eine Kreuzung aus Pfirsichen und Pflaumen. Nekatrinen liefern viel Provitamin A und Kalium.

Nektarinen-Sorbet
650 g Nektarinen / 3 EL Frucht-Dicksaft

Nektarinen waschen und abtrocknen, Schale, Stiele und Kerne entfernen. Früchte mit einem Mixer zu sehr feinem Mus (500 ml) pürieren. Fruchtmus durch ein Sieb streichen. Fruchtmus zusammen mit dem Dicksaft gründlich durchmixen. In die Eismaschine füllen und gefrieren lassen.

Nektarinen-Milcheis
400 g Nektarinen / 5 EL Frucht-Dicksaft /
500 ml Sojamilch (möglichst kalt)

Nektarinen waschen und abtrocknen, Schale, Stiele und Kerne entfernen. Früchte mit einem Mixer zu sehr feinem Mus (300 ml) pürieren. Fruchtmus durch ein Sieb streichen. Fruchtmus zusammen mit dem Dicksaft gründlich durchmixen. Sojamilch nach und nach zufügen und gründlich durchmixen. In die Eismaschine füllen und gefrieren lassen.

Tipp:
Nektarinen und Sojamilch passen sehr gut zueinander. Ein Teelöffel Vanille in der Eismischung verfeinert das Eis, intensiviert das Aroma und den Geschmack.

Orange / Apfelsine

Orangen enthalten viele Vitamine und Mineralstoffe. Die wichtigsten Sorten sind: Navel (oval, dickschalig, aromatisch, nicht sehr saftig, keine Kerne, knackiges Fruchtfleisch, leicht zu schälen), Blutorangen (mit Kernen, viel Säure, gut zum Pressen, saurer Geschmack) und Blondorangen (darunter fallen unter anderem die Sorten Valencia mit wenig Kernen, die saftig, säuerlich und gut zum Pressen sind, sowie Jaffa, die kernlos und leicht zu schälen sind.) Vor allem süße Orangen verderben rasch, daher sollte man sie kühl lagern (Keller). Der ausgepresste Saft wird nach einiger Zeit bitter, was durch Erhitzen noch beschleunigt wird.

Orangen-Sorbet
750 g Orangen / 5 EL Frucht-Dicksaft

Orangen waschen und abtrocknen, durchschneiden, auspressen. Fruchtsaft durch ein feines Sieb streichen (Kerne). Orangensaft (500 ml) zusammen mit dem Dicksaft mit einem Mixer gründlich durchmixen. In die Eismaschine füllen und gefrieren lassen.

Papaya

Papayas sind längliche, birnenförmige Früchte mit einer dünnen, grünlichen Schale, die bei Reife gelb-rötlich wird. Dann gibt die Frucht auf Fingerdruck nach, und das Fruchtfleisch ist orangerot. Die vielen schwarzen Kerne im Innern sind ungenießbar. Papayas haben einen milden, süßlichen Geschmack ohne viel Aroma. Sie sind sehr reich an Provitamin A. Außerdem enthalten sie Vitamin C und Kalium. Die Früchte sind sehr druckempfindlich und halten sich nicht sehr lange.

Papaya-Granité

1 Papaya / 4 EL Frucht-Dicksaft / 400 ml Mineralwasser

Papaya der Länge nach halbieren, mit einem Löffel die Kerne entfernen, Fruchtfleisch auslöffeln. Fruchtfleisch zusammen mit dem Dicksaft mit einem Mixer zu sehr feinem Mus (250 ml) pürieren. Mineralwasser nach und nach zufügen und gründlich durchmixen. In die Eismaschine füllen und gefrieren lassen.

Papaya-Milcheis

1 Papaya / 6 EL Frucht-Dicksaft / 500 ml Sojamilch (möglichst kalt)

Papaya der Länge nach halbieren, mit einem Löffel die Kerne entfernen, Fruchtfleisch auslöffeln. Fruchtfleisch zusammen mit dem Dicksaft mit einem Mixer zu sehr feinem Mus (250 ml) pürieren. Sojamilch nach und nach zufügen und gründlich durchmixen. In die Eismaschine füllen und gefrieren lassen.

Trockenpapaya-Milcheis
100 g Trockenpapaya / 500 ml Sojamilch (möglichst kalt)

Trockenpapaya in kleine Stücke schneiden. Fruchtstückchen zusammen mit wenig Sojamilch mit einem Mixer sehr lange und gründlich zu sehr feinem Mus pürieren. Die restliche Sojamilch nach und nach zufügen und gründlich durchmixen. In die Eismaschine füllen und gefrieren lassen.

Tipp:
Da frische Papayas sehr wenig Säure enthalten, ist es ratsam, das Fruchtfleisch mit Limettensaft zu beträufeln, um den Geschmack zu verbessern. Papayas und Sojamilch harmonieren sehr gut miteinander. Ein Teelöffel Vanille in der Eis-Mischung verfeinert das Eis, intensiviert das Aroma und den Geschmack. Trockenpapayas sind in Bioläden und Reformhäusern erhältlich.

Pfirsich

Pfirsiche mit samtig behaarter Haut gibt es mit weißem, gelbem oder rotem Fruchtfleisch. Sie enthalten viel Provitamin A, Kalium und Eisen. Man sollte sie kühl lagern, da sie nicht sehr lange haltbar sind. Reife Früchte kann man am Stielansatz erkennen – die Frucht muss sich dort weich anfühlen.

Pfirsich-Sorbet
800 g Pfirsiche / 2 EL Frucht-Dicksaft

Pfirsiche waschen und abtrocknen, Haut abziehen, Stiele und Kerne entfernen. Früchte zusammen mit dem Dicksaft mit einem Mixer zu sehr feinem Mus (600 ml) pürieren. In die Eismaschine füllen und gefrieren lassen.

Pfirsich-Milcheis
350 g Pfirsiche / 4 EL Frucht-Dicksaft /
500 ml Sojamilch (möglichst kalt)

Pfirsiche waschen und abtrocknen, Haut abziehen, Stiele und Kerne entfernen und zusammen mit dem Dicksaft mit einem Mixer zu sehr feinem Mus (250 ml) pürieren. Sojamilch nach und nach zufügen und gründlich durchmixen. In die Eismaschine füllen und gefrieren lassen.

Tipp:
Wenn man Pfirsiche mit kochendem Wasser übergießt, lässt sich die Haut leicht abziehen. Pfirsiche und Sojamilch harmonieren sehr gut miteinander. Ein Teelöffel Vanille in der Eismischung verfeinert das Eis, intensiviert das Aroma und den Geschmack. Der Saft einer halben Limette in der Eismischung gibt dem Eis ein wenig Säure und Frische und steigert den Geschmack und das Aroma.

Pflaume / Zwetsche

Pflaumen sind rundliche blaue Früchte mit einem runden Ende und einer ausgeprägten Bauchnaht, während Zwetschen länglich sind und ein spitzes Ende haben. Es gibt aber sehr viele Sorten, und eine eindeutige Unterscheidung ist nicht möglich, da es eine Menge Kreuzungsprodukte zwischen den beiden Formen gibt. Pflaumen besitzen viel B-Vitamine und Mineralstoffe und sollten kühl gelagert werden. Getrocknet werden sie als Trocken- oder Backpflaumen angeboten.

Pflaumen-Sorbet

etwa 750 g Pflaumen / 5 EL Frucht-Dicksaft

Pflaumen gründlich waschen und abtrocknen, Stiele und Kerne entfernen. Früchte in wenig Wasser weich kochen und abkühlen lassen. Früchte mit einem Mixer zu feinem Mus (500 ml) pürieren. Fruchtmus durch ein Sieb streichen (Schale). Fruchtsaft zusammen mit dem Dicksaft mit einem Mixer gründlich durchmixen. In die Eismaschine füllen und gefrieren lassen.

Pflaumen-Milcheis

etwa 300 g Pflaumen / 5 EL Frucht-Dicksaft /
500 ml Sojamilch (möglichst kalt)

Pflaumen gründlich waschen und abtrocknen, Stiele und Kerne entfernen. Früchte in wenig Wasser weich kochen und abkühlen lassen. Früchte mit einem Mixer zu feinem Mus (200 ml) pürieren. Fruchtmus durch ein Sieb streichen (Schale). Fruchtsaft zusammen mit dem Dicksaft mit einem Mixer gründlich durchmixen. Sojamilch nach und nach zufügen und gründlich durchmixen. In die Eismaschine füllen und gefrieren lassen.

Trockenpflaumen-Milcheis
200 g Trockenpflaumen /
500 ml Sojamilch (möglichst kalt) /
eventuell 2 EL Frucht-Dicksaft

Trockenpflaumen (eventuell vorhandene Kerne entfernen) und wenig Sojamilch mit einem Mixer sehr lange und gründlich zu sehr feinem Mus pürieren. Die restliche Sojamilch nach und nach zufügen und gründlich durchmixen. Eventuell Dicksaft nach und nach zufügen und gründlich durchmixen. In die Eismaschine füllen und gefrieren lassen.

Tipp:
Trockenpflaumen und Pflaumenmark in Gläsern sind in Bioläden und Reformhäusern erhältlich, in letzteren auch Dunst-Pflaumen. Da Pflaumen durch das Kochen sehr sauer werden, sollten Süßmäuler lieber die Variante mit Trockenpflaumen versuchen.

Roter-Beerencocktail

*Eismischung aus hauptsächlich roten Beerensorten wie Johannisbeeren, Erd-
beeren, Himbeeren, Kirschen und eventuell schwarzen Johannisbeeren, Brombeeren, Heidelbeeren.*

Roter-Beerencocktail-Sorbet
*500 ml Roter-Beerencocktail-Saft (oder -Mus) /
5 EL Frucht-Dicksaft*

Fruchtsaft bzw. -mus herstellen. Fruchtsaft bzw. -mus zusammen mit dem Dicksaft mit einem Mixer gründlich durchmixen.
In die Eismaschine füllen und gefrieren lassen.

Roter-Beerencocktail-Milcheis
*250 ml Roter-Beerencocktail-Saft (oder -Mus) /
4 EL Frucht-Dicksaft / 500 ml Sojamilch (möglichst kalt)*

Fruchtsaft bzw. -mus herstellen. Fruchtsaft bzw. -mus zusam-
men mit dem Dicksaft mit einem Mixer gründlich durchmixen.
Sojamilch nach und nach zufügen und gründlich durchmixen.
In die Eismaschine füllen und gefrieren lassen.

Tipp:
Anmerkungen zu einzelnen Früchten finden Sie beim Fruchteis.
Ein Teelöffel Vanille in der Eismischung verfeinert das Eis, inten-
siviert das Aroma und den Geschmack.

Sanddorn

Die kleinen, gelben bis orangefarbenen Beeren enthalten sehr viel Vitamin C, außerdem noch viel Provitamin A, Folsäure, Vitamin E, Kalium, Magnesium, Eisen, Fruchtsäure und ungesättigte Fettsäuren. Sanddornbeeren haben einen herb-säuerlichen aromatischen Geschmack und wirken abführend, stärkend und infektionshemmend.

Sanddorn-Milcheis

4 EL Sanddornsaft / 5 EL Frucht-Dicksaft / 500 ml Sojamilch (möglichst kalt)

Sanddornsaft zusammen mit dem Dicksaft mit einem Mixer gründlich mixen. Sojamilch nach und nach zufügen und gründlich durchmixen. In die Eismaschine füllen und gefrieren lassen.

Tipp:
Sanddornsaft ist in Bioläden und Reformhäusern erhältlich.

Stachelbeere

Die länglich-ovalen Stachelbeeren sind je nach Sorte grün, goldgelb oder rot. Die grünen sind am sauersten, die beiden anderen Varianten sind süßer. Sie können glatt oder behaart, fein- oder festschalig sein. Stachelbeeren enthalten viel Fruchtzucker, Pektin, Apfel-, Wein- und Zitronensäure, Vitamin C und Mineralstoffe.

Stachelbeer-Sorbet
600 g Stachelbeeren / 3 EL Frucht-Dicksaft

Stachelbeeren gründlich waschen und abtrocknen, Stiele entfernen. Früchte mit einem Mixer zu Mus (600 ml) pürieren. Fruchtmus durch ein Sieb streichen (Kerne, Schale). Fruchtsaft zusammen mit dem Dicksaft mit einem Mixer gründlich durchmixen. In die Eismaschine füllen und gefrieren lassen.

Weintraube

Es gibt eine Vielzahl verschiedener Sorten von Weintrauben, die sich in Form, Farbe, Größe, Aroma sehr unterscheiden. Einige Sorten enthalten auch keine oder nur wenige winzige Kerne. Trauben sind von besonderem gesundheitlichen Wert, da sie einen hohen Anteil an Vitaminen (Vitamin C und Folsäure) und Mineralstoffen (vor allem Kalium) sowie Traubenzucker und viele als Antioxidantien wirkende sekundäre Pflanzenstoffe enthalten.

Weintrauben-Granité
500 ml Weintraubensaft / 2 EL Frucht-Dicksaft

Weintraubensaft zusammen mit dem Dicksaft mit einem Mixer gründlich durchmixen. In die Eismaschine füllen und gefrieren lassen.

Tipp:
Weintrauben selbst auszupressen, ist sehr unergiebig. Daher wurde Weintraubensaft, der in Flaschen erhältlich ist, benutzt. Trauben-Dicksaft passt als Süßungsmittel natürlich am besten zum Weintrauben-Eis. Andere Süßungsmittel können aber auch interessante Ergebnisse bringen. Weintraubensaft ist überall in Bioläden und Reformhäusern erhältlich. Wer Weintrauben mag, sollte auch die folgenden Weinbeeren-Eis-Rezepte ausprobieren.

Weinbeere/Rosine

Trockenfrüchte aus Weintrauben werden angeboten als: Rosinen/Weinbeeren (große, fleischige, dunkelblaue Beeren mit herb-süßem Geschmack), Sultaninen (kleine, helle, süße Beeren der Sultana-Trauben) und Korinthen (kleine, schwarze, herbe und härtere Beere von bestimmten Weintraubensorten aus Griechenland). Die luftgetrockneten Beeren der Weintrauben sind ideale Energiespender und natürliche Süßungsmittel, da sie neben einem hohen Gehalt an Traubenzucker eine konzentrierte Vielfalt an Vitaminen, Mineralstoffen und Ballaststoffen aufweisen. Durch ihren hohen Zuckergehalt sind sie sehr lange haltbar.

Sultaninen-Traubensaft-Sorbet
100 g Sultaninen / 500 ml Weintraubensaft

Sultaninen und wenig Weintraubensaft mit einem Mixer sehr lange und gründlich zu sehr feinem Mus pürieren. Den restlichen Weintraubensaft nach und nach zufügen und gründlich durchmixen. In die Eismaschine füllen und gefrieren lassen.

Weinbeeren-Milcheis

100 – 150 g Weinbeeren / 500 ml Sojamilch

Weinbeeren und wenig Sojamilch mit einem Mixer sehr lange und gründlich zu sehr feinem Mus pürieren. Die restliche Sojamilch nach und nach zufügen und gründlich durchmixen. In die Eismaschine füllen und gefrieren lassen.

Tipp:

100 g Weinbeeren reichen völlig aus; bei 150 g Weinbeeren ist das Aroma, der Geschmack und die Süße aber wesentlich größer. Nicht geschwefelte und nicht geölte Weinbeeren sind in Bioläden und Reformhäusern erhältlich. Die süßen, eher neutral schmeckenden Sultaninen eignen sich auch gut als Alternativ-Süßungsmittel statt Frucht-Dicksaft. Weinbeeren und Sojamilch harmonieren sehr gut miteinander. Weinbeeren-Milcheis kann man statt mit Rosinen auch mit Sultaninen oder Korinthen zubereiten – es ergibt jedes Mal eine andere spezielle Geschmacksrichtung. Sultaninen-Milcheis, das keinen allzu intensiven Eigengeschmack hat, eignet sich sehr gut zum Aromatisieren mit verschiedenen Gewürzen, z. B. Vanille oder Zimt. Ein Teelöffel Vanille in der Eismischung verfeinert das Eis, intensiviert das Aroma und den Geschmack. Ein interessanter Geschmack ergibt sich auch, wenn man die Weinbeeren vor dem Mixen mit Sojamilch einige Stunden in Weintraubensaft ziehen lässt.

Zitrone

Zitronen enthalten sehr viel Vitamin C, außerdem Provitamin A, B-Vitamine und Mineralstoffe wie Magnesium und Kupfer. Dünnschalige Zitronen sind besonders saft- und säurereich. Man kann sie an der glatten Außenhaut erkennen; großporige Zitronen sind trocken. Die Schale muss glänzen, dann sind sie reif. Weiche Stellen lassen erkennen, dass das Obst zu faulen beginnt; deshalb sollte man nur feste Früchte kaufen. Zitronen sollten kühl gelagert werden (Keller). Im Gemüsefach des Kühlschranks halten sie sich einige Wochen, verlieren aber an Aroma. Als Zitronenersatz kann man auch Limetten nehmen.

Zitronen-Milcheis
1 Zitrone / 5 EL Frucht-Dicksaft /
500 ml Sojamilch (möglichst kalt)

Zitrone waschen und abtrocknen, durchschneiden, auspressen. Fruchtsaft durch ein feines Sieb streichen (Kerne, Fasern). Zitronensaft zusammen mit dem Dicksaft mit einem Mixer gründlich durchmixen. Sojamilch nach und nach zufügen und sehr gründlich durchmixen. In die Eismaschine füllen und gefrieren lassen.

Tipp:
Beim Zufügen der Sojamilch zum Zitronensaft muss man schnell und sehr gründlich die beiden Zutaten vermixen, da sonst der Zitronensaft die Sojamilch gerinnen lässt. Ein wenig Zitronen- bzw. Limettensaft in anderen Eismischungen gibt dem Eis ein wenig Säure und Frische. Andere Eissorten bekommen eine frische Note; säurearme Früchte (z. B. Bananen) bekommen etwas Säure. Der Saft verhindert, dass geschältes rohes Obst (z. B. Äpfel, Birnen, Avocados) braun wird, und intensiviert den Geschmack mancher Früchte.

Nusseis

Cashew

Der ölhaltige, nierenförmige Samen des Acajou-Baumes ist etwa 2 cm lang und von zartem, leicht süßlichem Geschmack. Cashews zählen zum Steinobst und enthalten 20 % hochwertiges Protein, 45 % Fett, sehr viel B-Vitamine und Mineralstoffe, vor allem Magnesium. Sie werden nur geschält angeboten.

Cashew-Milcheis
100 g Cashews / 5 EL Frucht-Dicksaft /
500 ml Sojamilch (möglichst kalt)

Cashews in einer Nuss- oder Kaffeemühle sehr fein mahlen. Gemahlene Cashewkerne zusammen mit dem Dicksaft mit einem Mixer gründlich durchmixen. Sojamilch nach und nach zufügen und gründlich durchmixen. In die Eismaschine füllen und gefrieren lassen.

Tipp:
Cashews sind ohne Schale (ganz oder zerkleinert) und als Cashewmus in Bioläden und Reformhäusern erhältlich.

Erdnuss

*Erdnüsse sind im botanischen Sinne keine Nüsse,
sie zählen zu den Hülsenfrüchten. Die ölhaltigen
(40 bis 60 %) Samen der Erdnusspflanze enthal-
ten 30 % hochwertiges Eiweiß, viele Vitamine der B-Gruppe, Mineralstoffe
und einen hohen Anteil an Linolsäure. Das typische Aroma entwickelt sich erst
beim Rösten. Erdnüsse aus geöffneten Packungen sollten bald verbraucht
werden, da sie anfällig für Schimmelpilze sind. Außerdem
sollte man sie nicht in der Nähe von stark riechenden
Lebensmitteln lagern.*

Erdnuss-Milcheis
*100 g Erdnüsse (Gewicht ohne Schale) /
4 EL Frucht-Dicksaft / 500 ml Sojamilch (möglichst kalt)*

Erdnüsse mit einem Nussknacker knacken und Schale entfernen. Die um die Kerne liegende Haut mit den Fingern oder einem groben sauberen Tuch entfernen. Erdnüsse in einer Nuss-
oder Kaffeemühle sehr fein mahlen. Gemahlene Erdnüsse zusammen mit dem Dicksaft mit einem Mixer gründlich durchmixen. Sojamilch nach und nach zufügen und gründlich durchmixen. In die Eismaschine füllen und gefrieren lassen.

Tipp:
Erdnüsse gibt es in der Schale zu kaufen. Sie sind aber auch
ohne Schale und als Erdnussmus bzw. Erdnussbutter in Bioläden und Reformhäusern erhältlich.

Haselnuss

Die Fruchtkerne des Haselnuss-Strauches enthalten viele ungesättigte Fettsäuren und sind wertvolle Lezithinspender. Außerdem enthalten sie hochwertiges Eiweiß, Vitamine der B-Gruppe, Vitamin E sowie Kalium, Kalzium, Eisen und Magnesium. Aufgrund des hohen Fettgehalts (60 %) *sind sie nicht sehr lange haltbar. In der Schale halten sie sich aber länger als geschält. Man sollte sie kühl und trocken lagern. Frische Haselnüsse kann man am weißen Kernfleisch erkennen, das bei älteren Nüssen gelblich wird.*

Haselnuss-Milcheis

100 g Haselnüsse (Gewicht ohne Schale) /
4 EL Frucht-Dicksaft /
500 ml Sojamilch (möglichst kalt)

Haselnüsse mit einem Nussknacker knacken und Schale entfernen. Kerne in einer trockenen Pfanne unter ständigem Rühren leicht anrösten. Die um die Kerne liegende Haut mit einem groben sauberen Tuch abreiben. Haselnusskerne in einer Nuss- oder Kaffeemühle sehr fein mahlen. Die gemahlenen Haselnusskerne zusammen mit dem Dicksaft mit einem Mixer gründlich durchmixen. Sojamilch nach und nach zufügen und gründlich durchmixen. In die Eismaschine füllen und gefrieren lassen.

Tipp:
Ein Teelöffel Vanille in der Eismischung verfeinert das Eis, steigert das Aroma und den Geschmack. Das Rösten der Kerne muss nicht unbedingt sein, verfeinert aber ein wenig das Aroma und den Geschmack der Haselnüsse.

Kokosnuss

Die Früchte der Kokospalme, die zum Steinobst zählen, bestehen aus einer weißen, fetthaltigen Schicht, die innerhalb einer harten, mit dicken Fasern bedeckten Schale liegt. Innen ist ein Hohlraum, der je nach Alter mit einer milchigen Flüssigkeit gefüllt ist. Das grobe, faserig-trockene Fruchtfleisch besteht zum größten Teil aus gesättigten Fettsäuren, aber es enthält auch Vitamine der B-Gruppe und viele Mineralstoffe. Wegen ihres hohen Ölgehalts sind Kokosnüsse nur begrenzt lagerfähig. Beim Kauf sollte man darauf achten, dass sich im Innern noch Flüssigkeit befindet (durch Schütteln feststellen). Bei alten Früchten nimmt diese jedoch einen seifigen Geschmack an.

Kokosnuss-Milcheis

*100 g Kokosnuss (Gewicht ohne Schale) /
4 EL Frucht-Dicksaft / 500 ml Sojamilch (möglichst kalt)*

Kokosnuss knacken (eine der drei Keimporen aufbohren, Flüssigkeit im Inneren ablaufen lassen, mit Säge oder Hammer öffnen) und Fruchtfleisch aus der Schale trennen. Eventuell vorhandene Haut am Fruchtfleisch mit einem Sparschäler entfernen. Kokosnuss-Fruchtfleisch in kleine Stücke schneiden und in einer Nuss- oder Kaffeemühle sehr fein mahlen. Gemahlene Kokosnussraspel zusammen mit dem Dicksaft mit einem Mixer gründlich durchmixen. Sojamilch nach und nach zufügen und gründlich durchmixen. In die Eismaschine füllen und gefrieren lassen.

Kokosmilch-Eis

250 g Kokosnuss (Gewicht ohne Schale) /
0,5 l heißes Wasser / 5 EL Frucht-Dicksaft

Dicke Kokosmilch herstellen (S. 124). Dicke Kokosmilch zusammen mit dem Dicksaft mit einem Mixer gründlich durchmixen (Raspel nicht verwenden!). In die Eismaschine füllen und gefrieren lassen.

Tipp:
Kokosnüsse gibt es als ganze Nüsse in der Schale zu kaufen. Sie sind aber auch ohne Schale (geraspelt und getrocknet) und als Kokosnussmus/Kokosnussmark in Bioläden, Reformhäusern und Asien-Lebensmittelgeschäften erhältlich.

Kürbiskern

Die dunkelgrünen, schalenlosen Samen des Buschöl-Kürbisses haben einen nussartigen Geschmack. Sie enthalten bis zu 50 % Fett, wovon die Hälfte aus der mehrfach ungesättigten Linolsäure besteht, außerdem 35 % hochwertiges Protein, viele Vitamine (Provitamin A, Vitamine der B-Gruppe sowie Vitamin E) und Mineralstoffe (Magnesium, Zink, Eisen). Man sollte sie kühl aufbewahren und rasch verbrauchen, da sie sehr schnell ranzig werden.

Kürbiskern-Milcheis

*100 g Kürbiskerne / 4 EL Frucht-Dicksaft /
500 ml Sojamilch (möglichst kalt)*

Kürbiskerne in einer trockenen Pfanne unter ständigem Rühren leicht anrösten. Kürbiskerne in einer Nuss- oder Kaffeemühle sehr fein mahlen. Gemahlene Kürbiskerne zusammen mit dem Dicksaft mit einem Mixer gründlich durchmixen. Sojamilch nach und nach zufügen und gründlich durchmixen. In die Eismaschine füllen und gefrieren lassen.

Tipp:
Kürbiskerne sind in Bioläden und Reformhäusern erhältlich. Ein Teelöffel Vanille in der Eismischung verfeinert das Eis, steigert das Aroma und den Geschmack. Das Rösten verfeinert das Aroma und den Geschmack der Kürbiskerne.

Leinsamen

Leinsamen oder Leinsaat ist der Samen des Flachses. Die kleinen bräunlichen Körner schmecken nussartig und enthalten viele ungesättigte Fettsäuren, Ballaststoffe und Vitamine der B-Gruppe. Leinsamen wirkt verdauungsfördernd.

Leinsamen-Milcheis

50 g Leinsamen / 4 EL Frucht-Dicksaft /
500 ml Sojamilch (möglichst kalt)

Leinsamen in einer trockenen Pfanne unter ständigem Rühren leicht anrösten. Leinsamen in einer Nuss- oder Kaffeemühle sehr fein mahlen. Gemahlenen Leinsamen zusammen mit dem Dicksaft mit einem Mixer gründlich durchmixen. Sojamilch nach und nach zufügen und gründlich durchmixen. In die Eismaschine füllen und gefrieren lassen.

Tipp:
Leinsamen ist in Bioläden und Reformhäusern erhältlich. Ein Teelöffel Vanille in der Eismischung verfeinert das Eis, steigert das Aroma und den Geschmack. Das Rösten verfeinert das Aroma und den Geschmack des Leinsamen.

Mandel

Mandeln sind Samen der Steinfrüchte des Mandelbaumes. Es gibt süße und bittere Mandeln, wobei letztere nur in kleinen Mengen verarbeitet werden, da sie toxische Inhaltsstoffe haben. Süße Mandeln enthalten hohe Mengen essenzieller Fettsäuren, bis zu 25 % Protein, Provitamin A, Vitamine der B-Gruppe, Vitamin E und außerdem Mineralstoffe wie Kalium, Magnesium, Kalzium und Phosphor. Ungehäutet und nicht zerkleinert halten sich Mandeln drei bis vier Monate, gehäutet und zerkleinert nur vier bis sechs Wochen. Man sollte sie kühl und in verschlossenen Behältern aufbewahren. Oft werden Mandeln zu Konservierungszwecken begast!

Mandel-Milcheis

100 g Mandeln (Gewicht ohne Schale) /
4 EL Frucht-Dicksaft /
500 ml Sojamilch (möglichst kalt)

Mandeln mit einem Nussknacker knacken und Schale entfernen. Mandelkerne kurz in kochendes Wasser legen, herausnehmen, abtrocknen und die um die Kerne liegende Haut mit den Fingern oder einem sauberen Tuch entfernen. Die enthäuteten Mandelkerne mit einem sauberen Tuch abtrocknen und völlig trocken werden lassen. (Eventuell die Mandelkerne in einer trockenen Pfanne unter ständigem Rühren leicht anrösten.) Mandelkerne in einer Nuss- oder Kaffeemühle sehr fein mahlen. Die gemahlenen Mandelkerne zusammen mit dem Dicksaft mit einem Mixer gründlich durchmixen. Sojamilch nach und nach zufügen und gründlich durchmixen. In die Eismaschine füllen und gefrieren lassen.

Tipp:
Das Rösten der Mandelkerne muss nicht unbedingt sein, verfeinert aber ein wenig das Aroma und den Geschmack der Mandeln.

Marone (Ess- oder Edelkastanie)

Maronen, auch Ess- oder Edelkastanien genannt, haben einen mehligen Geschmack, der von ihrem hohen Stärkegehalt herrührt. Sie enthalten relativ wenig Fett und sind reich an Vitamin C. Botanisch gehören sie zum Steinobst. Durch Rösten oder Kochen werden sie leicht süßlich, weich und damit genießbar.

Maronen-Milcheis
*200 g Maronen (Gewicht ohne Schale) /
5 EL Frucht-Dicksaft / 500 ml Sojamilch (möglichst kalt)*

Maronen mit einem spitzen Messer einritzen, mit Wasser bedeckt zum Kochen bringen und auf kleiner Flamme eine halbe bis eine Stunde kochen. Das Wasser abgießen, die Maronen im Topf trocknen, herausnehmen und mit einem Messer oder mit den Fingern Schale und Hautfasern entfernen. Maronen zusammen mit dem Dicksaft mit einem Mixer sehr fein und gründlich pürieren. Sojamilch nach und nach zufügen und gründlich durchmixen. In die Eismaschine füllen und gefrieren lassen.

Tipp:
Maronen/Kastanien gibt es in der Schale zu kaufen. Sie sind aber auch ohne Schale (in Dosen oder Gläsern) und als Maronenmus/Maronenpüree in Bioläden, Reformhäusern und Naturkost-Abteilungen von Supermärkten erhältlich.

Mohn

Der kleine, runde, blaugraue Samen von Schlaf- oder Gartenmohn hat einen hohen Nährwert, da er neben einem Ölgehalt von 50 % und viel Eiweiß eine große Menge an Mineralstoffen, B-Vitaminen und organischen Säuren enthält. Allerdings ist er auch stark mit Kadmium belastet, daher sollte man nicht zu viel und zu oft davon essen. Mohn wird schnell ranzig. Seinen würzig-süßlichen Geschmack entfaltet Mohn erst richtig, wenn er frisch gemahlen wird (z. B. in einer Mohnmühle).

Mohn-Milcheis
*50 g Mohn / 4 EL Frucht-Dicksaft /
500 ml Sojamilch (möglichst kalt)*

Mohn in einer trockenen Pfanne unter ständigem Rühren leicht anrösten. Mohn in einer Mohn-, Nuss- oder Kaffeemühle sehr fein mahlen. Die gemahlenen Mohnsamen zusammen mit dem Dicksaft mit einem Mixer gründlich durchmixen. Sojamilch nach und nach zufügen und gründlich durchmixen. In die Eismaschine füllen und gefrieren lassen.

Tipp:
Mohn ist in Bioläden und Reformhäusern erhältlich. Das Rösten verfeinert das Aroma und den Geschmack des Mohns.

Paranuss

*Die länglichen, in einer harten, graubraunen, drei-
eckigen Schale eingeschlossenen Samen des Java-
Baumes enthalten viel Fett, Eiweiß, Vitamine und
Mineralstoffe. Wegen ihres hohen Feuchtigkeitsge-
halts sind sie extrem anfällig für Schimmelpilze, die
hochgiftige, krebserregende Substanzen bilden. Zudem
sind die Radiumwerte bei Paranüssen extrem hoch. Man
sollte daher nicht zu viele Paranüsse verzehren!*

Paranuss-Milcheis
*100 g Paranüsse (Gewicht ohne Schale) /
4 EL Frucht-Dicksaft / 500 ml Sojamilch (möglichst kalt)*

Paranüsse mit einem Nussknacker knacken und Schale entfernen. Kerne in einer Nuss- oder Kaffeemühle sehr fein mahlen.
Die gemahlenen Paranusskerne zusammen mit dem Dicksaft
mit einem Mixer gründlich durchmixen. Sojamilch nach und
nach zufügen und gründlich durchmixen. In die Eismaschine
füllen und gefrieren lassen.

Tipp:
Paranüsse gibt es in der Schale zu kaufen. Sie sind aber auch
ohne Schale in Bioläden und Reformhäusern erhältlich.

Pekannuss

*Die amerikanischen Verwandten der Walnuss sind
etwas milder und aromatischer im Geschmack, aber
fester in der Konsistenz. Im Gegensatz zu den Walnüssen
ist die Außenschale dieses Steinobstes glatt und dünn. Pekannüsse enthalten
viel Fett, Vitamine und Mineralstoffe.*

Pekannuss-Milcheis
*100 g Pekannüsse (Gewicht ohne Schale) /
4 EL Frucht-Dicksaft / 500 ml Sojamilch (möglichst kalt)*

Pekannüsse mit einem Nussknacker knacken, Schale und Trennwände entfernen. Pekannusskerne in einer Nuss- oder Kaffeemühle sehr fein mahlen. Die gemahlenen Nusskerne zusammen
mit dem Dicksaft mit einem Mixer gründlich durchmixen. Sojamilch nach und nach zufügen und gründlich durchmixen. In
die Eismaschine füllen und gefrieren lassen.

Tipp:
Pekannüsse gibt es in der Schale zu kaufen. Als Alternative zum
Frucht-Dicksaft (als Süßungsmittel) passt auch Ahornsirup sehr
gut zu Pekannusseis.

Pinienkern

Die sehr fetthaltigen (60 %) Samenkerne der
Schirmpinie enthalten viele Vitamine und Mineralstoffe.
Die im geschälten Zustand hellgelblichen Kerne schmecken
mandelartig, etwas süß und leicht säuerlich. Wenn man sie in einer
trockenen Pfanne hellbraun röstet, schmecken sie intensiv nussartig.

Pinienkerne-Milcheis
100 g Pinienkerne (Gewicht ohne Schale) /
4 EL Frucht-Dicksaft / 500 ml Sojamilch (möglichst kalt)

Die Pinienkerne eventuell in einer trockenen Pfanne unter ständigem Rühren leicht anrösten und in einer Nuss- oder Kaffeemühle sehr fein mahlen. Die gemahlenen Pinienkerne zusammen mit dem Dicksaft mit einem Mixer gründlich durchmixen.
Sojamilch nach und nach zufügen und gründlich durchmixen.
In die Eismaschine füllen und gefrieren lassen.

Tipp:
Pinienkerne sind in Bioläden und Reformhäusern erhältlich. Ein
Teelöffel Vanille in der Eismischung verfeinert das Eis, steigert
das Aroma und den Geschmack. Das Rösten der Kerne muss
nicht unbedingt sein, verfeinert aber ein wenig das Aroma und
den Geschmack der Pinienkerne.

Pistazie

Pistazien sind kleine, hellgrüne, ovale Steinobst-Samen, die von einer Schale umgeben sind. Ihr feiner, milder Nussgeschmack ist mandelartig süß. Neben Eiweiß (20 %) und Fett (50 %) enthalten sie viele Vitamine und Mineralstoffe. Pistazien werden schnell ranzig und verlieren bald ihre grüne Farbe.

Pistazien-Milcheis

100 g Pistazien (Gewicht ohne Schale) /
4 EL Frucht-Dicksaft /
500 ml Sojamilch (möglichst kalt)

Pistazien knacken und Schale entfernen. Die Kerne in einer trockenen Pfanne unter ständigem Rühren leicht anrösten und in einer Nuss- oder Kaffeemühle sehr fein mahlen. Die gemahlenen Pistazienkerne zusammen mit dem Dicksaft mit einem Mixer gründlich durchmixen. Sojamilch nach und nach zufügen und gründlich durchmixen. In die Eismaschine füllen und gefrieren lassen.

Tipp:
Pistazien gibt es in der Schale zu kaufen. Sie sind aber auch ohne Schale in Bioläden und Reformhäusern erhältlich. Ein Teelöffel Vanille in der Eismischung verfeinert das Eis, steigert das Aroma und den Geschmack. Das Rösten verfeinert das Aroma und den Geschmack der Pistazien.

Sesam

Die nussartig schmeckenden Samen der Sesampflanze enthalten 50 % Öl, das zu 90 % aus ungesättigten Fettsäuren besteht, und 20 % Protein. Sesam hat einen hohen Anteil an Vitaminen der B-Gruppe sowie Vitamin E, zudem Mineralstoffe wie Magnesium, Phosphor, Kalzium, Eisen und viele Ballaststoffe. Man sollte die braunen, ungeschälten Samen bevorzugen, da beim Enthülsen viele ihrer wertvollen Inhaltsstoffe verloren gehen. Sie sollten gut verschlossen und trocken gelagert werden.

Sesam-Milcheis

100 g Sesam (ungeschält) / 4 EL Frucht-Dicksaft / 500 ml Sojamilch (möglichst kalt)

Sesam in einer trockenen Pfanne unter ständigem Rühren leicht anrösten. Den Sesamsamen in einer Nuss- oder Kaffeemühle sehr fein mahlen. Den gemahlenen Sesam zusammen mit dem Dicksaft mit einem Mixer gründlich durchmixen. Sojamilch nach und nach zufügen und gründlich durchmixen. In die Eismaschine füllen und gefrieren lassen.

Tipp:
Sesam ist ungeschält (braun), geschält (weiß) und als Sesammus (Tahin) in Bioläden und Reformhäusern erhältlich. Das Rösten verfeinert das Aroma und den Geschmack des Sesam.

Sojanuss

Sojanüsse, Sojaflocken und Sojaschrot sind einige der vielen Sojaprodukte, die im Handel erhältlich sind.

Sojanuss-Milcheis

*100 g Sojanüsse / 5 EL Frucht-Dicksaft /
500 ml Sojamilch (möglichst kalt)*

Sojanüsse in einer trockenen Pfanne unter ständigem Rühren leicht anrösten. Sojanüsse in einer Nuss- oder Kaffeemühle sehr fein mahlen. Die gemahlenen Sojanüsse zusammen mit dem Dicksaft mit einem Mixer gründlich durchmixen. Sojamilch nach und nach zufügen und gründlich durchmixen. In die Eismaschine füllen und gefrieren lassen.

Tipp:
Statt Sojanüsse kann man auch Sojaflocken oder Sojaschrot verwenden. Sojanüsse, Sojaflocken und Sojaschrot sind in Bioläden, Reformhäusern und Naturkost-Abteilungen von Supermärkten erhältlich. Sojanüsse kann man auch selbst herstellen (S. 132). Das Rösten verfeinert das Aroma und den Geschmack von Sojanüssen, Sojaflocken und Sojaschrot.

Sonnenblumenkern

Die geschälten Samen der Sonnenblumen sind reich an unge-
sättigten Fettsäuren, z. B. Linolsäure; darüber hinaus enthalten
sie Vitamine der B-Gruppe, Vitamin E, Mineralstoffe wie Eisen,
Zink, Phosphor, Kalium, Kalzium und reichlich unentbehrliche Aminosäuren.
Allerdings sind sie stark mit Kadmium belastet, deshalb sollte man nicht zu viel
davon verzehren. Da Sonnenblumenkerne viel Fett enthalten, sollte man sie
kühl und trocken aufbewahren.

Sonnenblumenkern-Milcheis
100 g Sonnenblumenkerne / 4 EL Frucht-Dicksaft /
500 ml Sojamilch (möglichst kalt)

Sonnenblumenkerne in einer trockenen Pfanne unter ständigem Rühren leicht anrösten und in einer Nuss- oder Kaffeemühle sehr fein mahlen. Die gemahlenen Sonnenblumenkerne
zusammen mit dem Dicksaft mit einem Mixer gründlich durchmixen. Sojamilch nach und nach zufügen und gründlich durchmixen. In die Eismaschine füllen und gefrieren lassen.

Tipp:
Sonnenblumenkerne sind in Bioläden und Reformhäusern erhältlich. Das Rösten verfeinert das Aroma und den Geschmack
der Sonnenblumenkerne.

Walnuss

Walnüsse zählen zum Steinobst und enthalten 60 % Fett, davon 48 % ungesättigte Fettsäuren, 15 % Protein, Vitamine der B-Gruppe, Vitamin E und Mineralstoffe wie Magnesium und Mangan. Aufgrund des hohen Fettgehalts werden Walnüsse schnell ranzig. Geschälte Walnüsse aus konventionellem Anbau sind meist chemisch behandelt.

Walnuss-Milcheis

100 g Walnüsse (Gewicht ohne Schale) /
5 EL Frucht-Dicksaft /
500 ml Sojamilch (möglichst kalt)

Walnüsse mit einem Nussknacker knacken und Schale und Trennwände entfernen. Walnusskerne in einer trockenen Pfanne unter ständigem Rühren leicht anrösten. Walnusskerne in einer Nuss- oder Kaffeemühle sehr fein mahlen. Die gemahlenen Nüsse zusammen mit dem Dicksaft mit einem Mixer gründlich durchmixen. Sojamilch nach und nach zufügen und gründlich durchmixen. In die Eismaschine füllen und gefrieren lassen.

Tipp:

Walnüsse gibt es in der Schale zu kaufen. Sie sind aber auch ohne Schale (ganz oder zerkleinert) in Bioläden und Reformhäusern erhältlich. Das Rösten der Kerne verfeinert das Aroma und den Geschmack der Walnüsse. Als Alternative zum Frucht-Dicksaft (als Süßungsmittel) passt auch Ahornsirup sehr gut zu Walnusseis.

Weitere Eissorten

Ahornsirup

Ahornsirup ist ein natürliches Süßungsmittel mit würzigem, karamellartigem Geschmack aus dem Saft von amerikanischen Ahornbäumen.

Ahornsirup-Milcheis
5 EL Ahornsirup / 500 ml Sojamilch (möglichst kalt)

Ahornsirup zusammen mit der Sojamilch mit einem Mixer gründlich durchmixen. In die Eismaschine füllen und gefrieren lassen.

Tipp:
Als Alternative zum Frucht-Dicksaft in den Eismischungen kann man nach Belieben auch Ahornsirup benutzen, der sehr gut mit Nusseis, z. B. Walnusseis, harmoniert. Ahornsirup lässt sich auch als Eissauce verwenden oder über Puddings, zu Pfannkuchen sowie in Mus, Müsli oder Kuchen (überall wo ein Süßungsmittel benötigt wird). Ahornsirup ist in Bioläden, Reformhäusern und Naturkost-Abteilungen von Supermärkten erhältlich.

Carob (Johannisbrotmehl)

Carob, auch als Johannisbrotmehl bekannt, ist ein feines braunes Pulver, das aus dem gemahlenen, getrockneten Fleisch der Früchte des Johannisbrotbaumes besteht. Der Geschmack und die Beschaffenheit ist ähnlich dem des Kakaopulvers. Carob wird als idealer Ersatz für Kakao und Schokolade verwendet, da Carob keine Reizstoffe, kein Koffein, keine Oxalsäure und weniger Fett enthält. Auch ist Carob nicht so bitter wie Kakao. Dafür enthält Carob mehr Vitamine und Mineralstoffe, viel Traubenzucker, Eiweiß und Pektine.

Carob-Milcheis
*2 – 3 EL Carobpulver / 2 EL Frucht-Dicksaft /
500 ml Sojamilch (möglichst kalt)*

Carobpulver zusammen mit dem Dicksaft mit einem Mixer sehr gründlich durchmixen. Sojamilch nach und nach zufügen und sehr gründlich durchmixen. In die Eismaschine füllen und gefrieren lassen.

Tipp:
Carob ist in Bioläden und Reformhäusern erhältlich.

Hagebutte

*Hagebutten sind die Scheinfrüchte der Heckenrose. Sie enthal-
ten sehr viel Vitamin C, außerdem Karotinoide, B-Vitamine,
daneben Fruchtsäure, Gerb- und Schleimstoffe. Sie wirken kräf-
tigend und blutreinigend. Für Tees werden die Schalen verwendet.*

Hagebutten-Milcheis

*10 TL Hagebuttenschalen / 5 EL Frucht-Dicksaft /
500 ml Sojamilch (möglichst kalt)*

Hagebuttenschalen in einer Nuss- oder Kaffeemühle
sehr fein mahlen. Das gemahlene Hagebuttenpulver
zusammen mit dem Dicksaft mit einem Mixer gründlich durchmixen. Sojamilch nach und nach zufügen
und gründlich durchmixen. In die Eismaschine füllen und gefrieren lassen.

Tipp:
Hagebuttenschalen sind in Apotheken erhältlich, Hagebutten-
saft in Bioläden und Reformhäusern. Der Saft einer halben Limette in der Eismischung gibt dem Eis ein wenig Säure und
Frische.

Karamell

Durch Erhitzen entfaltet Dicksaft einen karamellartigen Geschmack.

Karamell-Milcheis
5 EL Frucht-Dicksaft / 500 ml Sojamilch

Dicksaft in einem großen Topf auf kleiner Flamme erhitzen. Unter ständigem Rühren den Dicksaft goldbraun karamellisieren (Vorsicht: Dicksaft nicht zu dunkel werden und anbrennen lassen, dann wird der Geschmack bitter!). Den Topf vom Herd nehmen. Sojamilch langsam und vorsichtig nach und nach unter ständigem Rühren zum Karamell geben (ablöschen). Topf wieder auf die Herdplatte stellen und Karamell-Sojamilch unter ständigem Rühren so lange auf kleiner Flamme köcheln (nicht kochen) lassen, bis sich der Karamell vollständig vom Boden gelöst und mit der Sojamilch vermischt hat. Topf vom Herd nehmen, Karamell-Sojamilch in eine vorgekühlte Schüssel schütten und völlig erkalten lassen (im Kühlschrank). In die Eismaschine füllen und gefrieren lassen.

Tipp:
Als Alternative zu Frucht-Dicksaft kann man auch andere Süßungsmittel zum Karamellisieren verwenden, z. B. Ahornsirup. Die Karamell-Sojamilch kann auch vor dem Gefrieren aromatisiert werden, z. B. mit Vanille oder Zimt.

Milcheis mit Frucht

Relativ neutral schmeckendes Milcheis bekommt durch die Kombination mit Früchten eine interessante Note.

Milcheis mit frischen Früchten
frische Früchte / eventuell etwas Sojamilch /
500 ml Sojamilch-Eismischung (möglichst kalt)

Frische Früchte vorbereiten, d. h. eventuell gründlich waschen und abtrocknen, Kerne, Fasern, Abfall etc. entfernen, verzehrfertig machen. Frische Früchte in sehr kleine Stücke schneiden; falls die Früchte zu hart sind, sollten sie einige Stunden in etwas Sojamilch eingeweicht werden. Milcheis in die Eismaschine füllen und gefrieren lassen. Kurz vor dem Ende des Gefriervorganges die klein geschnittenen frischen Früchte nach und nach in die Eismasse hineingeben (gut verteilen!). Eismasse fertig gefrieren lassen.

Milcheis mit Fruchtsauce

frische Früchte / Frucht-Dicksaft (nach Geschmack) /
500 ml Sojamilch-Eismischung (möglichst kalt)

Frische Früchte vorbereiten, d. h. eventuell gründlich waschen und abtrocknen, Kerne, Fasern, Abfall etc. entfernen und die Früchte verzehrfertig machen. Frische Früchte zu Mus pürieren, eventuell durch Sieb streichen und mit Dicksaft abschmecken, kalt stellen. Milcheis in die Eismaschine füllen und gefrieren lassen. Nachdem der Gefriervorgang beendet ist, das fertige Milcheis entnehmen und in eine große vorgekühlte Schüssel geben (am besten auf eine Eiswürfel- oder Kühlbeutel-Unterlage). Fruchtsauce mit einem langen Löffel nach und nach ein wenig in die Eismasse unterziehen (nicht zu viel Sauce nehmen und vorsichtig unterziehen!)

Milcheis mit Trockenfrüchten

20 – 30 g Trockenfrüchte/ eventuell etwas Sojamilch /
500 ml Sojamilch-Eismischung (möglichst kalt)

Trockenfrüchte vorbereiten, d. h. eventuell gründlich waschen und abtrocknen, Kerne, Fasern, Abfall etc. entfernen. Trockenfrüchte in sehr kleine Stücke schneiden; falls die Trockenfrüchte zu hart sind, sollten sie einige Stunden in etwas Sojamilch eingeweicht werden. Milcheis in die Eismaschine füllen und gefrieren lassen. Kurz vor dem Ende des Gefriervorganges die klein geschnittenen Trockenfrüchte nach und nach in die Eismasse hineingeben (gut verteilen!). Eismasse fertig gefrieren lassen.

Milcheis mit Müsli

Das relativ neutral schmeckende Milcheis bekommt durch die Kombination mit Müsli eine interessante Note.

Müsli-Milcheis

*20 – 30 g Müsli-Mischung (zucker- und glutenfrei) /
500 ml Sojamilch-Eismischung (möglichst kalt)*

Müsli vorbereiten, das heißt, große Teile im Müsli etwas zerklei-
nern. Milcheis (S. 125) in die Eismaschine füllen und gefrieren
lassen. Kurz vor Ende des Gefriervorgangs die Müsli-Stückchen
nach und nach in die Eismasse hineingeben (gut verteilen!).
Eismasse fertig gefrieren lassen.

Milcheis mit Nuss

Neutral schmeckendes Milcheis wird durch die Kombination mit Nüssen verfeinert.

Milcheis mit Nuss-Stückchen

20 – 30 g Nüsse (Gewicht ohne Schale) /
500 ml Sojamilch-Eismischung (möglichst kalt)

Die Nüsse mit einem Nussknacker knacken und Schale, Trennwände, Häutchen, Fasern, Abfall etc. entfernen, d. h. die Nüsse verzehrfertig machen und in sehr kleine Stücke schneiden. Die Nüsse eventuell in einer trockenen Pfanne unter ständigem Rühren leicht anrösten, herausnehmen und abkühlen lassen. Milcheis in die Eismaschine füllen und gefrieren lassen. Kurz vor dem Ende des Gefriervorganges die Nussstückchen nach und nach in die Eismasse hineingeben (gut verteilen!). Eismasse fertig gefrieren lassen.

Milcheis mit Nussmus

Nussmus / Frucht-Dicksaft (nach Geschmack) /
500 ml Sojamilch-Eismischung (möglichst kalt)

Wenn das Nussmus zu fest und steif ist, mit einem Mixer etwas dünnflüssiger pürieren; eventuell mit Dicksaft abschmecken und kalt stellen. Milcheis in die Eismaschine füllen und gefrieren lassen. Nachdem der Gefriervorgang beendet ist, fertiges Milcheis entnehmen und in eine große vorgekühlte Schüssel geben (am besten auf eine Eiswürfel- oder Kühlbeutel-Unterlage). Nussmus mit einem langen Löffel nach und nach ein wenig in die Eismasse unterziehen (nicht zu viel Nussmus nehmen und vorsichtig unterziehen!).

Tipp:

Man sollte die Nüsse sehr gründlich klein schneiden, da es sonst Schwierigkeiten in der Eismaschine geben kann. Nicht zu viel Nüsse nehmen und gut verteilen, damit sie im Eis keine Klumpen bilden. Man kann fast alle Arten von Nüssen, Kernen oder Samen verwenden oder auch mehrere Sorten gleichzeitig. Mürbe Nüsse wie Maronen sind nicht so geeignet, da sie so bröckelig sind. Das Rösten der Kerne muss nicht unbedingt sein, verfeinert aber ein wenig das Aroma und den Geschmack der Nüsse. Als Alternative zum Frucht-Dicksaft als Süßungsmittel im Milcheis passt auch Ahornsirup sehr gut zu den Nüssen. Statt Milcheis kann man auch andere Eissorten verwenden, z. B. Vanilleeis oder Nusseis (eventuell das zu den Nüssen passende Eis) – der Experimentierfreude sind keine Grenzen gesetzt. Wer die Nüsse nicht kurz vor Ende des Gefriervorganges in die Eismasse verteilen kann, kann auch warten, bis der Gefriervorgang beendet ist, und dann mit einem Holzlöffel, Schaber oder Schneebesen die Nüsse noch unter die Eismasse mischen. Nüsse gibt es in der Schale zu kaufen; sie sind aber auch ohne Schale (ganz oder zerkleinert) und als Nussmus in Bioläden und Reformhäusern erhältlich.

Milcheis mit Weinbeeren-Nuss-Mischung

20 – 30 g Weinbeeren-Nuss-Mischung nach Geschmack:
Nüsse / Kerne / Samen und Rosinen / Sultaninen / Korinthen /
500 ml Sojamilch-Eismischung (möglichst kalt)

Die Nüsse mit einem Nussknacker knacken und Schale, Trennwände, Häutchen, Fasern, Abfall entfernen, d. h. die Nüsse verzehrfertig machen und in sehr kleine Stücke schneiden. Nüsse eventuell in einer trockenen Pfanne unter ständigem Rühren leicht anrösten, herausnehmen und abkühlen lassen. Weinbeeren vorbereiten, d. h. eventuell waschen und abtrocknen und in sehr kleine Stücke schneiden. Milcheis in die Eismaschine füllen und gefrieren lassen. Kurz vor dem Ende des Gefriervorganges die Weinbeeren-Nussstückchen nach und nach in die Eismasse hineingeben (gut verteilen!). Eismasse fertig gefrieren lassen.

Tipp:

Man sollte die Weinbeeren bzw. die Nüsse sehr gründlich klein schneiden, da es sonst eventuell Schwierigkeiten in der Eismaschine geben könnte. Nicht zu viele Weinbeeren bzw. Nüsse nehmen und diese gut verteilen, damit sie im Eis keine Klumpen bilden. Als Alternative zum Frucht-Dicksaft als Süßungsmittel im Milcheis passt auch Ahornsirup sehr gut zu den Nüssen. Anstatt Milcheis kann man auch andere Eissorten verwenden, z. B. Vanilleeis oder Nusseis (eventuell das zu den Weinbeeren/ Nüssen passende Eis) – der Experimentierfreude sind keine Grenzen gesetzt. Wer die Weinbeeren bzw. Nüsse nicht kurz vor Ende des Gefriervorgangs in die Eismasse verteilen kann, kann auch warten, bis der Gefriervorgang beendet ist, und dann mit einem Holzlöffel, Schaber oder Schneebesen die Weinbeeren bzw. Nüsse noch unter die Eismasse mischen.

Sojasauerrahm

Sojasauerrahm soll eine dickliche Sojamilch mit sauerrahmartiger Konsistenz und säuerlichem Geschmack (je nach verwendetem Gerinnungsmittel) bezeichnen.

Sojasauerrahm-Milcheis

400 ml Sojasauerrahm (möglichst kalt), hergestellt aus:
500 ml Sojamilch und Gerinnungsmittel
(15 EL Limettensaft o. Ä.) / 3 EL Frucht-Dicksaft

Sojasauerrahm herstellen (S. 133); der Gerinnungsprozess dauert mehrere Stunden). Sojasauerrahm zusammen mit dem Dicksaft mit einem Mixer gründlich durchmixen. In die Eismaschine füllen und gefrieren lassen.

Tipp:
Möglichst einen neutral schmeckenden Dicksaft verwenden (z. B. aus Trauben).

Stracciatella

Für dieses Stracciatellaeis werden Carobstreusel verwendet.

Stracciatella-Milcheis
2 – 3 EL Carobstreusel /
500 ml Sojamilch-Eismischung (möglichst kalt)

Carobstreusel vorbereiten: Carobstreusel herstellen (S. 116), in
sehr kleine Stücke brechen und kalt stellen. Milcheis in die Eismaschine füllen und gefrieren lassen. Kurz vor dem Ende des
Gefriervorganges die Carobstreusel nach und nach in die Eismasse hineingeben (gut verteilen!). Eismasse fertig gefrieren lassen.

Tipp:
Anstatt Milcheis kann man auch andere Eissorten verwenden,
z. B. Vanilleeis. Der Experimentierfreude sind keine Grenzen
gesetzt. Wer die Carobstreusel nicht kurz vor Ende des Gefriervorganges in die Eismasse verteilen kann, kann auch warten, bis
der Gefriervorgang beendet ist, und dann mit einem Holzlöffel,
Schaber, Schneebesen, etc. die Carobstreusel noch unter die
Eismasse mischen.

Vanille

Vanilleschoten sind Kapselfrüchte einer Kletter-Orchidee,
die unreif geerntet werden. Das typische Aroma entwickelt
sich erst während eines Fermentationsprozesses aufgrund che-
mischer Veränderungen durch Enzyme. Dabei färben sich die Früchte schwarz. Die besten Schoten sind dunkelbraun, zäh, etwas biegsam
und von vielen kleinen, weißen Kristallen überzogen. Vanille wird als
Schote oder als Pulver angeboten und sollte luftdicht und trocken, getrennt von anderen Gewürzen aufbewahrt werden.

Vanille-Milcheis I
*1 TL Vanillepulver / 2 – 3 EL Frucht-Dicksaft /
500 ml Sojamilch (möglichst kalt)*

Vanillepulver zusammen mit dem Dicksaft mit einem Mixer sehr
gründlich durchmixen. Sojamilch nach und nach zufügen und
sehr gründlich durchmixen. In die Eismaschine füllen und gefrieren lassen. Vanilleeis aus der Eismaschine entnehmen, wenn
das Eis noch etwas weich und cremig ist und der Gefriervorgang noch nicht ganz beendet ist.

Vanille-Milcheis II
*100 g Trockenfrüchte (weiche, süße, z. B. Trockenananas
oder Sultaninen) / 1 TL Vanillepulver /
500 ml Sojamilch (möglichst kalt)*

Trockenfrüchte zusammen mit dem Vanillepulver und
wenig Sojamilch mit einem Mixer sehr lange und
gründlich zu sehr feinem Mus pürieren. Die restliche Sojamilch nach und nach zufügen und sehr
gründlich durchmixen. In die Eismaschine
füllen und gefrieren lassen.

Vanille-Sahneeis

1 TL Vanillepulver / 2 EL Frucht-Dicksaft /
500 ml Sojamilch (möglichst kalt) /
1 – 2 EL ÖL (kaltgepresst, neutral schmeckend, z. B. Sojaöl)

Vanillepulver zusammen mit dem Dicksaft mit einem Mixer sehr gründlich durchmixen. Sojamilch nach und nach zufügen und sehr gründlich durchmixen. Unter ständigem Mixen das ÖL sehr langsam und in kleinen Mengen zur Sojamilch nach und nach zufügen und sehr gründlich durchmixen. In die Eismaschine füllen und gefrieren lassen.

Tipp:

Anstatt Vanillepulver kann man auch eine Vanilleschote verwenden: Die Schote der Länge nach mit einem Messer aufschneiden, Vanille-Körnchen ausschaben und zusammen mit der Schote zur Sojamilch in einen Topf geben; Vanille/Sojamilch erhitzen (aber nicht kochen!), Topf vom Herd nehmen und Vanille/Sojamilch darin 30 Minuten zugedeckt ziehen lassen. Schote entfernen.

Vanille-Milcheis mit Dicksaft (wobei ein möglichst neutral schmeckender Dicksaft, z. B. Trauben-Dicksaft, verwendet werden sollte) ist aufgrund des hohen Flüssigkeitsanteils und des geringen Süß- und Fettanteils etwas kristallartig. Wenn man den Dicksaftanteil jedoch erhöht, wird dadurch der zarte Vanille-Geschmack übertönt. Wer es lieber weicher und cremiger mag, sollte einmal die anderen Vanilleeisrezepte versuchen oder beim Vanille-Milcheis mit Dicksaft statt Sojamilch einmal Sojadickmilch nehmen. Beim Vanilleeis mit Trockenfrüchten sollte man möglichst neutral schmeckende Trockenfrüchte verwenden, z. B. süße, weiche Trockenananas oder Sultaninen, damit der Eigengeschmack der Trockenfrüchte das zarte Vanillearoma nicht zu sehr beeinträchtigt.

Grundrezepte & Dekorationen

Auf den folgenden Seiten findet sich einiges, das in den Rezepten in diesem Buch erwähnt, aber nicht näher erläutert wird. Darüber hinaus stehen hier die Rezepte für die »Beilagen«, mit denen sich jede Eis-Portion noch verfeinern lässt.

Carobstreusel

Carobstreusel sind ein Ersatz für Schokostreusel.

Carobpulver / kaltes Mineralwasser (ohne Kohlensäure)
oder Frucht-Dicksaft

Carobpulver mit dem Wasser oder Dicksaft zu einer zähflüssigen Paste vermischen. Carobpaste sehr dünn auf eine saubere Marmorplatte oder einen Teller streichen. Paste mindestens einen Tag lang an der Luft trocknen. Die trockene Carobpaste mit einem Schaber von der Unterlage lösen und in feine Streusel brechen.

Tipp:
Carobstreusel kann man als Knabberei statt Schokostreusel genießen oder sie z. B. auf Eis, Puddings, Kuchen etc. streuen.

Eis-Cassata

Diese Eis-Cassata ist eine Variation der italienischen Kalorienbombe, die viel Sahne und kandierte Früchte enthält.

Fruchtgrütze (nach Geschmack) /
Sojamilcheis (nach Geschmack) / Tofusahne /
Trockenfrüchte / Krokant (nach Geschmack)

Form (aus Metall, z. B. Kuchenform) mit kaltem Wasser ausspülen, gut abtrocknen und im Gefrierfach vorkühlen. Grütze herstellen (S. 118) und damit den Boden (und Wände) der Form bedecken. Grütze im Kühlschrank völlig erkalten lassen. Sojamilcheis herstellen (S. 125) und in die Form auf die Grütze-Schicht auftragen (keine Luftlöcher lassen!). Die Form eine halbe Stunde im Gefrierfach anfrieren lassen. Tofusahne herstellen (siehe S. 134) und kalt stellen. Trockenfrüchte und Krokant (karamellisierte Nussstückchen) in sehr kleine Stücke schneiden und unter die Tofusahne mischen. Mit der Tofusahne die Form auffüllen. Form noch einmal eine halbe Stunde ins Gefrierfach stellen. Form herausnehmen und mit einem spitzen Messer zwischen Rand und Cassata-Masse entlang fahren. Wer es wagt, kann die Cassata auf einen Teller stürzen; ansonsten die Cassata-Stücke portionsweise aus der Form nehmen.

Tipp:
Die Zutaten sollten möglichst kalt und von fester Konsistenz sein, bei der Tofusahne also nicht so viel Flüssigkeit verwenden.

Fruchtgrütze

Fruchtgrütze ist Fruchtsaft bzw. -mus mit einer festeren Konsistenz.

*500 ml Fruchtsaft bzw. -mus / 2 EL Maismehl oder -gries /
eventuell Frucht-Dicksaft (nach Geschmack)*

Fruchtsaft bzw. -mus herstellen und in einem großen Topf zum
Kochen bringen. Topf vom Herd nehmen, Maismehl bzw. -gries
mit ein wenig kaltem Fruchtsaft bzw. -mus oder Wasser klumpenfrei anrühren und nach und nach unter ständigem Rühren
in den heißen Fruchtsaft bzw. das heiße Fruchtmus mischen.
Topf wieder auf die Herdplatte stellen und Fruchtsaft bzw. -mus
unter ständigem Rühren wieder zum Kochen bringen, zwei bis
drei Minuten kochen lassen. Topf vom Herd nehmen, (eventuell) Dicksaft hineinrühren; die Fruchtgrütze in eine vorgekühlte
Schüssel geben und im Kühlschrank abkühlen lassen.

Tipp:
Nicht alle Früchte eignen sich zur Saft-/Mus-Herstellung, und
manche Früchte werden beim Erhitzen sauer oder verändern
den Geschmack. Anstelle von Maismehl bzw. -gries kann man
auch Alternativen zum Eindicken benutzen, z. B. Agar-Agar. Als
Alternativ-Süßungsmittel anstelle von Frucht-Dicksaft kann man
auch andere Süßungsmittel nehmen. Wer möchte, kann – bevor
die Fruchtgrütze erkaltet – noch ganze Fruchtstücke unter die
Grütze mischen.

Gebäck zum Eis

Man kann Gebäck zum Eis reichen oder auch z. B. Eiskugeln auf einen heißen oder kalten Pfannkuchen oder eine Waffel legen.

Blinis (Buchweizen-Pfannkuchen)
*Buchweizenmehl / eventuell 1 Msp Meersalz /
kaltes Mineralwasser*

Buchweizenmehl (und eventuell Meersalz) in eine Schüssel sieben. Wasser nach und nach zufügen und gründlich mit dem Buchweizenmehl verquirlen, bis ein sehr flüssiger Teig entstanden ist. Den Teig eine Stunde quellen lassen. Eine ungefettete Pfanne sehr heiß werden lassen und den Teig noch einmal durchrühren. Eine kleine Menge Teig in die heiße Pfanne geben, dünn verstreichen und zu kleinen Pfannkuchen ausbacken; dabei sollte man warten, bis sich der Teig von selbst vom Pfannenboden löst, ihn aber nicht schwarz anbrennen lassen! Blinis herausnehmen und abkühlen lassen.

Tortillas (Mais-Pfannkuchen)
*Maismehl / eventuell 1 Msp Meersalz /
lauwarmes Mineralwasser*

Maismehl (und eventuell Meersalz) in eine Schüssel sieben. Wasser nach und nach zufügen und gründlich mit dem Maismehl zu einem glatten, geschmeidigen Teig verkneten. Den Teig mit einem Tuch abdecken und eine Stunde ruhen lassen. Den Teig noch einmal durchkneten und zu kleinen Pfannkuchen ausrollen. Eine ungefettete, schwere Bratpfanne erhitzen und eine kleine Menge Teig in die heiße Pfanne geben. Zu kleinen Pfannkuchen ausbacken (etwa eine Minute pro Seite, bis auf der Oberseite goldgelbe Flecken erscheinen, also nicht schwarz anbrennen lassen!). Tortillas herausnehmen und warm servieren.

Chips
Blinis oder Tortillas / Öl

Fertige Blinis oder Tortillas in kleinere Stücke schneiden. Blini-oder Tortilla-Stückchen anschließend in einer geölten, heißen Pfanne knusprig ausbacken.

Waffeln
Maismehl / eventuell 1 Msp Meersalz /
lauwarmes Mineralwasser / etwas Öl

Die Herstellung ist genauso wie die der Tortillas (S. 119), nur werden die Waffelns statt in einer Pfanne in einem eingeölten Waffelautomat auf der niedrigsten Stufe gebacken.

Tipp:
Etwas Öl im Teig macht diesen geschmeidiger. Man kann die Teigmischungen auch nach Geschmack süß oder herzhaft abwandeln, z. B. mit Zugabe von Süßungsmitteln (Frucht-Dicksaft o. Ä.), Gewürzen (süß mit Vanille, Zimt etc. oder herzhaft mit Paprika, Kümmel etc.), Nüssen, Kernen bzw. Samen (z. B. Haselnussraspel, Mandelstiftchen, Kokosflocken, Sonnenblumenkerne, Sesam, Mohn, Sojaschrot) oder Frucht bzw. Trockenfrucht-Stückchen (geriebener Apfel o. Ä.).

Getreidemilch

Getreidemilch ist eine aus Getreide und Wasser hergestellte dünnflüssige Sauce, Brei, Pudding, Porridge, Polenta etc.

Getreideflockenmilch

30 – 50 g Getreideflocken / einige EL kaltes Wasser /
1 l Wasser

Getreideflocken in einer Nuss- oder Kaffeemühle sehr fein mahlen. Flockenmehl mit einigen Esslöffeln kaltem Wasser anrühren. 1 l Wasser in einem Topf zum Kochen bringen. Topf vom Herd nehmen und das angerührte Mehl einrühren. Den Topf wieder auf den Herd stellen und die Flüssigkeit unter Weiterrühren kurz aufkochen lassen. Wenn die Flüssigkeit andickt, vom Herd nehmen und in eine kalt ausgespülte Schüssel schütten. Abkühlen lassen.

Tipp: Manche Getreide setzen sich beim Erkalten etwas auf dem Boden ab. Das ist aber nicht weiter tragisch, denn für die Weiterverarbeitung zu Eis wird die Flüssigkeit ja später mit dem Süßungsmittel durchgemixt. Besonders fein schmeckt es mit Haferflocken. Aber für Menschen mit Gluten-Unverträglichkeit gibt es auch Flocken aus fast allen anderen Getreidesorten, sowie gepopptes Amarant. Statt Flocken kann man auch sehr fein gemahlene Körner, Grütze, Grieß (z. B. Polenta), Mehl, Stärke, etc. benutzen, dann muss man aber darauf achten, ausreichend lange zu kochen, um das Getreide für den Körper aufzuschließen. Wer die einfache Variation mit Puddingpulver wählt, sollte auf die Inhaltsstoffe achten.

Puddingpulver-Milch

1 Päckchen Puddingpulver (etwa 40 g) /
einige EL kaltes Wasser / 1 l Wasser

Puddingpulver mit einigen Esslöffeln kaltem Wasser anrühren. 1 l Wasser in einem Topf zum Kochen bringen. Topf vom Herd nehmen und das angerührte Puddingpulver einrühren. Den Topf wieder auf den Herd stellen und die Flüssigkeit unter Weiterrühren kurz aufkochen lassen. Wenn die Flüssigkeit andickt, vom Herd nehmen und in eine kalt ausgespülte Schüssel schütten. Abkühlen lassen.

Karamell

Durch Erhitzen entfaltet Dicksaft einen sehr karamellartigen Geschmack.

Frucht-Dicksaft / Speiseöl (kaltgepresst, nicht raffiniert)

Dicksaft in einem großen Topf oder einer Pfanne auf kleiner Flamme erhitzen. Unter ständigem Rühren den Dicksaft goldbraun karamellisieren (Vorsicht: Dicksaft nicht zu dunkel werden und anbrennen lassen – dann wird der Geschmack bitter!). Dicksaft-Karamell auf eine gekühlte, eingeölte Marmorplatte oder einen Teller geben und im Kühlschrank abkühlen lassen. Das völlig erkaltete Dicksaft-Karamell mit einem Schaber von der Unterlage lösen und in kleine Stücke brechen.

Tipp:
Dicksaft-Karamell schmeckt gut auf Eis, Kuchen, Gebäck und Ähnlichem. Als Alternative zu Frucht-Dicksaft kann man auch andere Süßungsmittel zum Karamellisieren verwenden, z. B. Ahornsirup.

Kokosmilch

Als Kokosmilch wird ein Milchersatz aus Kokosnüssen bezeichnet; es ist nicht die Flüssigkeit gemeint, die sich im Inneren von frischen Kokosnüssen befindet!

Normale Kokosmilch
100 g Kokosnuss / 800 ml heißes Wasser

Kokosnuss knacken (eine der drei Keimporen aufbohren, Flüssigkeit im Inneren ablaufen lassen, mit Säge oder Hammer die Schale öffnen) und Fruchtfleisch aus der Schale abheben. Eventuell Haut am Fruchtfleisch mit einem Sparschäler entfernen. Kokosnuss-Fruchtfleisch in kleine Stücke schneiden und in einer Nuss- oder Kaffeemühle sehr fein mahlen. Heißes Wasser mit einem Mixer mixen, gemahlene Kokosnussraspel nach und nach zugeben und gründlich durchmixen. Eine Stunde quellen lassen. Das Ganze durch ein Tuch oder feines Sieb pressen und die gewonnene Kokosmilch abkühlen lassen.

Dicke Kokosmilch
250 g Kokosnuss / 500 ml heißes Wasser

Zubereitung wie oben (normale Kokosmilch).

Tipp:
Kokosmilch muss man sofort verbrauchen – nach einiger Zeit flockt die Kokosmilch aus und zersetzt sich. Man kann den Herstellungsvorgang einige Male wiederholen, die gewonnene Kokosmilch wird allerdings mit jeder Wiederholung dünner und wässriger.

Läuterzucker

Unter Läuterzucker versteht man die Verbindung von einem Süßungsmittel mit Wasser.

1 EL Frucht-Dicksaft /
200 ml Mineralwasser (ohne Kohlensäure)

In einem Kochtopf bei mittlerer Hitze Dicksaft im Wasser unter Rühren auflösen und eine Minute aufkochen lassen. Vom Herd nehmen und abkühlen lassen.

Milcheis

Dies ist ein neutral schmeckendes Eis, das man gut als Grundlage für Zusätze (z. B. Früchte, Nüsse, etc.) verwenden kann.

500 ml Sojamilch (möglichst kalt) / 3 EL Frucht-Dicksaft

Sojamilch zusammen mit dem Dicksaft mit einem Mixer gründlich durchmixen. In die Eismaschine füllen und gefrieren lassen.

Tipp:
Man sollte einen möglichst neutral schmeckenden Dicksaft verwenden. Süße, neutral schmeckende Trockenfrüchte (z. B. Sultaninen) eignen sich auch als Alternativ-Süßungsmittel anstelle von Frucht-Dicksaft. Dieses Eis eignet sich auch zum Aromatisieren mit Gewürzen oder Kräutern, z. B. Vanille, Zimt, Limettensaft.

Milchshake

Dieser Eisdrink wird mit geschlagener Sojamilch luftig und schaumig.

*100 ml Sojamilch (möglichst kalt) / 1 – 2 EL Eis /
eventuell Früchte (Stückchen oder Mus)*

Sojamilch mit einem Handmixer (höchste Stufe) schaumig schlagen. Eis (und eventuell Früchte) zufügen. Mit einem langen Löffel
das Eis (und die Früchte) in der Sojamilch verrühren.

Tipp:
Sojamilch lässt sich besser schaumig mixen, wenn sie vorher im
Tiefkühlfach des Kühlschranks vorgekühlt wurde.

Nüsse, Kerne bzw. Samen rösten

Durch Rösten entfalten Nüsse, Kerne bzw. Samen einen sehr intensiven aromatischen Geschmack.

Nüsse, Kerne bzw. Samen nach Geschmack

Nüsse von Schalen und Abfall (Häutchen etc.) befreien. Kleine Menge Nüsse in eine ungeölte große Pfanne geben (nur der Boden der Pfanne soll bedeckt sein). Mittlere Temperatur einschalten. Nüsse in der Pfanne ständig umrühren bzw. Pfanne schütteln, damit sie nicht anbrennen. Nüsse so lange rösten, bis es aromatisch würzig duftet (Vorsicht: Die Nüsse dürfen nicht zu dunkel werden und anbrennen!). Geröstete Nüsse aus der Pfanne nehmen und abkühlen lassen.

Tipp:
Fast alle Nüsse, Kerne bzw. Samen eignen sich zum Rösten. Geröstete Nüsse, Kerne bzw. Samen schmecken solo sehr gut als Knabberei oder in Müsli, Kuchen und Gebäck sowie auf Tofu, Salat, Brot, Nudeln etc. – die Verwendungsmöglichkeiten sind unbegrenzt.

Nussmilch

Als Nussmilch bezeichnet man einen Milchersatz aus Nüssen, Samen bzw. Kernen.

100 g Nüsse, Kerne bzw. Samen (Mandeln, Kokos etc.) /
800 ml heißes Wasser

Nüsse von Schalen und Abfall (Häutchen etc.) befreien. Nüsse in einer Nuss- oder Kaffeemühle oder mit einem Mixer sehr fein mahlen. Heißes Wasser mit einem Mixer mixen, die gemahlenen Nüsse nach und nach zugeben und gründlich vermischen. Eine Stunde quellen lassen. Die Masse durch ein sauberes Tuch oder feines Sieb pressen und die gewonnene Nussmilch abkühlen lassen.

Tipp:
Nussmilch muss man sofort verbrauchen – nach einiger Zeit flockt die Nussmilch aus und zersetzt sich. Man kann den Herstellungsvorgang einige Male wiederholen, die gewonnene Nussmilch wird allerdings mit jeder Wiederholung dünner und wässriger. Nussmilch setzt sich nach einem Tag ab – unten ist Wasser, oben Milch.

Schokosauce

Carob, auch als Johannisbrotmehl bekannt, dessen Geschmack und Beschaffenheit ähnlich dem des Kakaopulvers ist, wird als idealer Ersatz für Kakao und Schokolade verwendet.

*500 ml Sojamilch (möglichst kalt) / 2 TL Frucht-Dicksaft /
2 – 3 EL Carobpulver*

Sojamilch mit dem Handmixer schaumig schlagen. Dicksaft und Carobpulver zufügen. Sofort noch einmal kurz, aber gründlich durchmixen. Rasch servieren und sofort verbrauchen.

Heißer Schokopudding

*500 ml Sojamilch / 1 EL Frucht-Dicksaft /
2 EL Maismehl bzw. -gries (etwa 20 g) / 2 – 3 EL Carobpulver*

Sojamilch zusammen mit dem Dicksaft mit einem Mixer sehr gründlich durchmixen. Die Mischung erhitzen (aber nicht kochen!). Maismehl bzw. -gries zusammen mit dem Carobpulver in etwas kaltem Wasser klumpenfrei anrühren. Topf vom Herd nehmen und die angerührte Mischung in die heiße Sojamilch einrühren. Topf wieder auf den Herd stellen und die Sojamilch unter ständigem Rühren andicken. Topf vom Herd nehmen, Schokopudding in eine vorgekühlte Schüssel gießen und abkühlen lassen.

Tipp:

Die Zubereitung sowie das Servieren und Verbrauchen muss sehr rasch geschehen, da bei zu langem Mixen die eindickende Wirkung des Dicksaftes wieder aufgehoben wird und der Carob den Schaum auflöst. Sojamilch lässt sich besser schaumig mixen, wenn sie im Tiefkühlfach des Kühlschranks vorgekühlt wurde. Bei diesem Rezept einen möglichst neutral schmeckenden Dicksaft (z. B. aus Trauben) verwenden.

Seidentofu

Seidentofu ist die Bezeichnung für eine weichere Sorte von Tofu mit joghurtartiger Konsistenz und säuerlichem Geschmack (je nach benutztem Gerinnungsmittel).

*500 ml Sojamilch / Gerinnungsmittel
(1 EL Obstessig oder ½ EL Zitronensaft)*

Sojamilch auf 40 °C erwärmen (nicht kochen!), vom Herd nehmen und in eine große Schüssel gießen. Sojamilch einige Sekunden kräftig umrühren. Gerinnungsmittel rasch zugeben und noch einmal kurz umrühren (damit es sich verteilt). Sojamilch offen und ungestört eine halbe Stunde abkühlen lassen. Sojamilch danach ein bis zwei Stunden im Kühlschrank erkalten lassen.

Tipp:
Seidentofu muss man direkt verbrauchen – nach einiger Zeit flockt der Seidentofu aus und zersetzt sich.

Softeis

Softeis ist ein weiches, luftiges Speiseeis.

cremiges Speiseeis

Einen ähnlichen Effekt wie beim »normalen« Softeis kann man erzielen, wenn cremiges Eis aus der Eismaschine entnommen wird, bevor der Gefriervorgang ganz abgeschlossen ist (dann ist das Eis noch cremig und weich) oder wenn das Eis nach dem Gefriervorgang noch einmal kurz mit dem Mixer püriert wird.

Tipp:
Das Rest-Eis, das an den Wänden des Kühlbehälters nach dem Entleeren noch haftet, kann man auch mit einem Mixer weich und cremig pürieren.

Sojadickmilch

Sojadickmilch soll Sojamilch mit festerer, dicklicher Konsistenz und mildem – nicht saurem – Geschmack bezeichnen.

500 ml Sojamilch

Sojamilch in eine große, flache Schüssel gießen und bei Zimmertemperatur an einem ruhigen Ort ein paar Tage offen stehen lassen. Die wässrige Flüssigkeit, die sich von der Sojadickmilch abgesetzt hat, vorsichtig abgießen.

Tipp:

Wenn man Sojamilch offen stehen lässt, kann es allerdings auch passieren, dass die Sojamilch nicht eindickt oder dass die Sojamilch verdirbt. Nachdem man die Sojamilch etwa zwei bis vier Tage stehen gelassen hat, müsste sich ein Resultat zeigen.

Sojamilch

Sojamilch ist ein Milchersatz aus Sojabohnen.

gelbe Sojabohnen / Wasser

Sojabohnen gründlich waschen. Die Sojabohnen in vierfacher Menge Wasser mindestens zwölf Stunden einweichen. Einweichwasser weggießen und Sojabohnen gründlich abspülen. Sojabohnen mit der gleichen Menge Wasser pürieren. Einen sehr großen Topf mit doppelter Menge Wasser zum Kochen bringen, die Bohnenmasse vorsichtig dazugeben und 20 Minuten kochen lassen. Dabei ständig umrühren, da die Masse leicht überkocht bzw. anbrennt. Ab und zu den Schaum von der Oberfläche abschöpfen. Die Bohnenmasse vom Herd nehmen und durch ein sauberes Tuch auspressen. Die gewonnene Sojamilch abkühlen lassen und bis zum Gebrauch gut verschlossen im Kühlschrank aufbewahren.

Sojanuss

Sojanuss ist ein Nussersatz aus Sojabohnen.

gelbe Sojabohnen / Wasser

Sojabohnen gründlich waschen. Die Sojabohnen in vierfacher Menge Wasser mindestens zwölf Stunden einweichen. Einweichwasser weggießen und Sojabohnen gründlich abspülen. Sojabohnen abtrocknen und auf sauberen Tüchern eine Stunde trocknen lassen. Die Sojabohnen etwa 15 bis 20 Minuten rösten, bis sie goldgelb (nicht dunkelbraun werden lassen!), knusprig und knackig sind, und zwar entweder in einer trockenen, schweren Pfanne auf kleiner Flamme unter ständigem Rühren oder auf einem trockenen Backblech verteilt im auf 200 °C vorgeheizten Backofen (Backblech ab und zu schütteln). Sojabohnen vom Herd nehmen und abkühlen lassen. Die Sojanüsse vor dem Verzehr noch einmal in einer trockenen Pfanne kurz rösten, bis sie knusprig und knackig sind.

Tipp:
Sojanüsse kann man als Knabberei anstelle von Nüssen genießen. Man kann Sojanüsse für Varianten auch vor bzw. nach dem Rösten würzen oder marinieren, z. B. süß mit Frucht-Dicksaft oder Ahornsirup oder pikant mit Salz, Pfeffer, Paprika, Gewürzen, Sojasauce oder Miso. Sojanüsse sind auch als Fertigprodukt in Bioläden, Reformhäusern und Naturkost-Abteilungen von Supermärkten erhältlich. Sojabohnen können bei manchen Menschen Blähungen bewirken.

Sojasauerrahm

Sojasauerrahm soll eine dickliche Sojamilch mit sauerrahmartiger Konsistenz und säuerlichem Geschmack (je nach benutztem Gerinnungsmittel) bezeichnen.

500 ml Sojamilch / Gerinnungsmittel (z. B. Saft von 1 Limette oder 15 EL Obstessig oder Zitronensaft)

Sojamilch in eine große Schüssel gießen. Sojamilch mit einem langen Löffel kräftig umrühren. Gerinnungsmittel rasch zugeben und noch einmal kurz umrühren (damit es sich verteilt). Sojamilch offen und ungestört einige Stunden (am besten über Nacht) im Kühlschrank ruhen, gerinnen und erkalten lassen. Die wässrige Flüssigkeit, die sich vom Sojasauerrahm abgesetzt hat, abgießen (mit einem Löffel abschöpfen oder das Ganze durch ein sauberes Tuch bzw. sehr feines Sieb geben).

Tipp:
Eine Art Sojaquark erhält man, wenn man den fertigen Sojasauerrahm eine weitere Nacht gerinnen lässt und das Gerinnungswasser erneut entfernt wird. Sojasauerrahm eignet sich gut als Sauce über Sorbets oder Früchten.

Tofusahne

Tofusahne ist ein Sahneersatz aus Tofu.

*500 g Tofu (möglichst kalt) / 5 EL Frucht-Dicksaft /
eventuell 1 TL Vanillepulver /
5 – 10 EL Mineralwasser (ohne Kohlensäure)
oder Sojamilch (möglichst kalt)*

Tofu in kleine Stücke schneiden und zusammen mit dem Dicksaft (sowie eventuell dem Vanillepulver) mit einem Mixer gründlich zu sehr feinem Mus pürieren. Mineralwasser/Sojamilch nach Bedarf nach und nach zufügen und gründlich durchmixen, bis die gewünschte cremige Konsistenz erreicht ist. Tofusahne kalt stellen.

Tipp:
Hier möglichst neutral schmeckenden Tofu verwenden. Tofu hat immer einen mehr oder minder ausgeprägten Beigeschmack, der manchmal – je nach benutztem Gerinnungsmittel – recht penetrant sein kann. Das beste Tofu wird mit Nigari (japanisches Bittersalz aus Meerwasser) gewonnen. Ein Geschmacksvergleich ist ratsam. Auch sollte ein möglichst neutral schmeckender Dicksaft (z. B. aus Trauben) verwendet werden. Ein Teelöffel Vanille in der Tofusahne verfeinert das Aroma und den Geschmack. Tofu eignet sich hervorragend zum Aromatisieren. Wer möchte, kann die Tofusahne nach Geschmack würzen, z. B. mit Zimt, Anis, Carob oder anderen Gewürzen, Kräutern, klein geschnittenen Früchten, Nüssen, Mus etc. Die Möglichkeiten sind unbegrenzt.

Vanillesauce

Vanillesauce passt sehr gut zu fast allen Eissorten.

100 ml Sojamilch (möglichst kalt) / 2 TL Frucht-Dicksaft /
1 Msp Vanillepulver

Sojamilch mit einem Handmixer schaumig schlagen. Dicksaft
und Vanillepulver zufügen. Sofort noch einmal kurz, aber gründlich durchmixen. Rasch servieren und sofort verbrauchen.

Heißer Vanillepudding

500 ml Sojamilch /
1 – 2 EL Maismehl bzw. -gries (etwa 20 g) /
1 TL Vanillepulver / 1 EL Frucht-Dicksaft

Sojamilch in einem Topf erhitzen (aber nicht kochen!). Maismehl bzw. -gries zusammen mit dem Vanillepulver in etwas kaltem Wasser klumpenfrei anrühren. Topf vom Herd nehmen und
das angerührte Vanillepulver in die Sojamilch einrühren. Topf
wieder auf den Herd stellen und das Ganze unter ständigem
Rühren andicken. Den Topf vom Herd nehmen, den Dicksaft
nach und nach vorsichtig einrühren, den Vanillepudding in eine
vorgekühlte Schüssel schütten und abkühlen lassen.

Tipp:
Die Zubereitung sowie das Servieren und Verbrauchen muss
sehr rasch und in kleinen Portionen geschehen, da bei zu langem
Mixen die eindickende Wirkung des Dicksaft wieder aufgehoben wird und die Vanille den Schaum auflöst! Sojamilch lässt
sich besser schaumig mixen, wenn sie vorher im Tiefkühlfach
des Kühlschranks vorgekühlt wurde. Hier einen möglichst neutral schmeckenden Dicksaft (z. B. aus Trauben) verwenden.

Der Autor

Seit seiner Kindheit leidet Nick Nossem an Neurodermitis. Diese Diagnose erfuhr er allerdings erst im Erwachsenenalter, nachdem sich jahrelang allergische Reaktionen auf zahlreiche Nahrungsmittel zeigten. Mit einer speziellen Ausschlussdiät und dem rigorosen Verzicht auf Zucker, was seinen Zustand verbesserte, zeigten sich bei ihm regelrechte Entzugserscheinungen, ein Heißhunger auf Süßes. Nun waren Alternativen gefragt!

Zur Entstehung des Eis-Buches sagt er:

»Es begann vor ein paar Jahren, als ich aus gesundheitlichen Gründen eine totale Nahrungsumstellung vornehmen musste: u. a. keine tierischen Lebensmittel, keine Milch und vor allem keinen Zucker. Ein Leckermaul wie mich traf letztere Einschränkung natürlich besonders hart. Und so machte ich mich auf die Suche nach Ersatz-Leckereien. Da ich vor allem Eiscreme mochte und weder vollständig vegetarische Fertigprodukte noch Rezepte dafür fand, trieben mich die Gelüste dazu, mich näher mit der Eisherstellung zu befassen und mir eine Eismaschine zuzulegen.«

Acht Jahre lang experimentiert er schon mit unterschiedlichen und zuweilen auch ungewöhnlichen Zutaten, ergänzt und verfeinert diese und kommt immer wieder auf neue Ideen. Die besten seiner Rezepte hat er in diesem Buch zusammengetragen.

Rezeptindex

Rezepte für Eiweißallergiker

Herbert Walker: **Vollwertig kochen und backen – ohne tierisches Eiweiß,** ISBN: 3-89566-146-7

Herbert Walker:
Vollwertige Süßspeisen mit Pfiff
ISBN: 3-89566-101-5

Herbert Walker:
Schnelle Vollwertküche mit Pfiff
ISBN: 3-89566-167-8

Alexander Nabben: **Kochen und backen mit Tofu**
ISBN: 3-89566-158-9

Vollwert-Bücher mit Cartoons von Renate Alf

Klaus Weber:
Das Buch vom guten Pfannkuchen
ISBN: 3-89566-151-1

Irmela Erckenbrecht:
Zucchini
ISBN: 3-89566-131-7

Petra und Joachim Skibbe:
Köstliche Kürbis-Küche
ISBN: 3-89566-150-3

Jutta Grimm:
Vegetarisch grillen
ISBN: 3-89566-140-6

Köstliches aus dem Garten der Natur

Heide Haßkerl:
Schätze aus dem Bauerngarten
ISBN: 3-89566-174-0

Heide Haßkerl: **Holunder, Dost
und Gänseblümchen**
ISBN: 3-89566-149-X

Irmela Erckenbrecht:
Querbeet
ISBN: 3-89566-163-5

Jutta Greve:
Vegetarisches aus Omas Küche
ISBN: 3-89566-168-6

Vegetarisches aus aller Welt

Yashoda Aithal:
Vegetarisch kochen – indisch
ISBN: 3-89566-153-8

Angelika Krüger:
Vegetarisch kochen – international
ISBN: 3-89566-117-1

Gertrud Dimachki:
Vegetarisches aus 1001 Nacht
ISBN: 3-89566-169-4

Petra und Joachim Skibbe:
Toskana – vegetarisch genießen
ISBN: 3-89566-156-2

Gesamtverzeichnis bei: pala-verlag
Postfach 11 11 22, 64226 Darmstadt, www.pala-verlag.de

ISBN: 3-89566-172-4
© 2002: pala-verlag,
Rheinstr. 37, 64283 Darmstadt
www.pala-verlag.de
3. Überarbeitete Neuauflage
Alle Rechte vorbehalten
Umschlagillustration: Kirsten Schlag
Innenillustrationen: Michela Lindner
Lektorat: Ute Galter / Wolfgang Hertling
Druck: freiburger graphische betriebe
www.fgb.de
Dieses Buch ist auf Papier aus 100 % Recyclingmaterial gedruckt